Die Wahrheit über den Führer, die Ariosophen und die dritte Weltkatastrophe

Johannes H. von Hohenstätten

AF145269

Mein Dank geht an Peter Windsheimer
für das Design des Titelbildes.

Für Schäden, die durch falsches Herangehen an die Übungen an
Körper, Seele und Geist entstehen könnten, übernimmt der Autor
keine Haftung.

Copyright © 2020 by Christof Uiberreiter Verlag
Castrop-Rauxel Germany

2. Auflage

Herstellung und Verlag:
BoD – Books on Demand, Norderstedt
ISBN 978-3-7322-8875-5

Inhaltsangabe:

Vorwort:

„Wieder so ein eigenartiges Buch von diesem seltsamen und unbekannten Hohenstätten? Was der wohl damit bezwecken will, denn über dieses Thema gibt es schon unendlich viel Literatur."

Eine berechtigte Aussage, aber wenn man weiß, dass sämtliche Literatur darüber zum einen Teil von Menschen stammt, die aus Unwissenheit gelogen haben und andererseits wurde so viel kopiert, abgeschrieben, verdreht und absichtlich verfälscht, dass man dadurch nur mehr Verwirrung gestiftet hat, als man an und für sich damit bewirken wollte. Hinzu kommt, dass selbst Adolf Hitler der größte Lügner war, den es bis jetzt je gegeben hat. Alles um ihn herum war nur Schall und Rauch. Nichts Wahres kam bei ihm ans Tageslicht.

So kann es vielleicht gut sein, dass dieses Werk etwas Neues bringt. Das tut es auch, denn es werden mehr oder weniger okkulte Wahrheiten preisgegeben, die bis jetzt noch nie veröffentlicht wurden und die einiges in der okkulten Szene klarstellen werden. Denn vom richtigen universellen Standpunkt ausgesehen, sieht die Welt ganz anders aus. Die offizielle geistige Forschung kam darin aber keinen Schritt weiter. Von der materiellen Seite ganz zu schweigen. Das merkt man ja schon an den Büchern von Jan van Helsing oder Miguel Serrano. Letzterer verehrte Hitler als einen gottgleichen Menschen, der die Mission hatte, die Welt neu zu gestalten. Doch Hitler selbst hätte das niemals vermocht, wenn er keine Hilfe von der geistigen Welt bekommen hätte, für die er diesen Auftrag erfüllte! Dieser Autor ist völlig dem Mythos des „arischen Weltenführers" verfallen. Sein Buch „Adolf Hitler – der letzte Avatar" zeugt von meiner Aussage. Er sieht den Wald vor lauter Bäumen nicht.

Da ich meinen Freund und Lehrer Anion über das gesamte Gebiet der Politik und Logen ausgefragt habe, hatte er mich zu diesem Werk inspiriert. Selbst seine Frau Ariane bestätigte mir mehr als einmal diese Aussagen und gab mir auch weitere Tipps, die ich wunderbar umsetzen konnte. Nur, es geht dabei nicht so sehr um die Politik, sondern vielmehr um die hinter den Kulissen magisch arbeitenden Logen und Orden, von denen es nur sehr, sehr wenige gibt, die wirklich Einfluss auf das politische Schicksal einzelner Länder haben. All dies werde ich mit dieser kleinen Schrift offen darlegen.

Die wahre Beziehung zwischen Franz Bardon und A. Hitler, der Ersteren ins KZ inhaftieren ließ, werden näher beleuchtet. Damit auch das Leben des überhaupt nicht okkult geschulten Adolf Hitlers, welches bis jetzt von allen Seiten bewusst oder auch unbewusst verdreht wurde, um nur nicht die Wahrheit ans Tageslicht kommen zu lassen. Dies alles und noch viel mehr wird aus nächster Nähe und ausführlichst mit vielen bis jetzt unbekannten Informationen beschrieben. Auch die Schülerin von Bardon, Otti Votavova, die zwar die zweite Tarotkarte schon bearbeitete, aber aufgrund eines Fehlers sich durch zu heftiges Onanieren einen Eros-Schemen angeeignet hatte, erzählte Herrn Rüggeberg, dass Hitler ein Mitglied der FOGC (Freimaurerorden der goldenen Centurie) gewesen sei. Dies ist eine grundlegende Falschaussage, denn dieser Schemen war bei ihr so mächtig, dass er seinen negativen Einfluss auf die Schülerin warf. Dies führte alles zum Mythos des unbezwingbaren Führers, des Helden des deutschen Volkes, der er aber bei Gott nicht wahr.

Ich will durch dieses Buch den Mythos des Führers nicht wieder nähren, sondern im Gegenteil, seine Schwäche, seine Grausamkeit und seinen unbarmherzigen Egoismus aufzeigen, mit welchem Hitler seinen Lebensweg bestritten hatte. All diese Tatsachen gehen auf eine Ursache zurück – den Sexualtrieb. Später dazu mehr. Es ist nämlich auch für uns Hermetiker äußerst interessant zu sehen, wie solch ein Unmensch vorging, wie solch ein Tyrann sich zum Diktator hochjubeln lies, damit er sein Ziel erreichen konnte, besser und richtiger gesagt, damit das hohe und mächtige dämonische Wesen, das hinter ihm stand, seinen Auftrag ausführen konnte.

Ursprünglich lautete der Titel dieses Buches auch ganz anders, und zwar: *Adolf Hitler, die Ariosophen und der dritte Weltkrieg aus hermetischer Sicht*. – Hm, wird sich einer denken, da wurde doch nicht viel verändert. Doch, das wurde es, denn der Inhalt unterscheidet sich in zwei wesentlichen Punkten:

1. Wird es keinen so viel gepriesenen dritten Weltkrieg geben, wie so viele selbsternannte *Propheten* angeblich vorausgesehen haben wollen, an welchem Hitler angeblich noch beteiligt sein würde

2. War Adolf Hitler nie und nimmer ein Könner auf magischem Gebiet, infolgedessen kann er auch kein wahrer *Führer* gewesen sein. Der Hintergrund liegt auf einer ganz anderen Ebene.

Doch wie kam ich zu dieser Erkenntnis. Durch einen Zufall könnte man sagen. Denn als ich dieses Buch schrieb, kam ich plötzlich mit Ariane ins Gespräch, welche mir die Informationen zu dieser neuen Auflage gab. Ich bin nämlich zweimal auf einen Mythos reingefallen, ich unterlag dem

Mythos des falschen Führers. Seine Reden, sein Gehabe und sein Auftreten faszinierten mich und nahmen mich gefangen. Das gebe ich offen zu! Das zweite Mal glaubte ich der allgemeinen Meinung im Sektor des Okkultismus, dass er ein Schwarzmagier war, ein Könner des linken Pfades.

Dazu kam noch, dass ich so dermaßen viel gelesen und viel gehört hatte, welches man aber nicht zum Okkultismus zählen darf, sondern man sollte die Theorien eines dritten Weltkrieges besser mit den Hypothesen des „New Age" umschreiben, da angeblich alle Anzeichen für einen derartigen Krieg günstig stehen würden.

Des Weiteren wird in diesem Büchlein mit dem Müll aufgeräumt, dass jeder angeblich okkulte Orden und jede sogenannte magische Loge, wie immer sie heißen mögen, nur aus Magiern und Könnern, aus Quabbalisten und Sphärenkundigen besteht. Kurz, dass alle Mitglieder magisch begabt sind. – Das ist ein Riesen-Irrtum und ist die allergrößte Lüge überhaupt. Es gibt nur ganz wenige Orden, die magisch geschulte Mitglieder aufweisen und aufnehmen. Selbst bei diesen sind es nur die obersten Ränge, die wirklich Macht haben. Sie sind unbekannt und bleiben das auch immer. Das sind richtiggehend *hermetisch* abgeschlossene Gesellschaften, in denen nur der Zutritt hat, der über eine ausgezeichnete Schulung im magischen Sinne verfügt. Denn wie sagte Ariane richtig: „Es wachsen keine Magier auf den Bäumen."

Einführung:

An dieser Stelle muss ich anfangen zu sagen, obwohl dies die gängige Meinung ist, dass es von universeller Sicht **keine einzigen** schwarz-magischen Logen und Orden gibt, die Kriege bestimmen, inszenieren und auslösen. Diese Aussage stimmt **nicht** im Geringsten. Denn es gibt nur eine Bruderschaft, die die Ursachen dafür setzt: „Die Bruderschaft des Lichts". Das steht nicht nur in Bardon Roman „Frabato", nein, sondern auch die Theosophin Anni Besant, Blavatsky, Leadbeater usw. bestätigen dies.

Die Blauen Mönche setzen die Ursachen, die Dämonen aller Sphären bekommen ihre Aufträge und die einzelnen Könner der Logen, wie zum Beispiel die bekannten Okkultisten Gregorius oder Giovanni führen sie aus, falls sie solch eine Mission haben. Die geistigen Mönche vollbringen manchmal Ursachen, mit denen die Göttliche Vorsehung den Gesetzen nach nicht einverstanden sein kann. Aber das können sie machen, wenn die Licht-Brüder die Ursachen wieder ausgleichen. Sie sind ja gottgleiche Wesen. Man muss bedenken, dass dies alles im Sinne der harmonischen Entwicklung geschieht.

Jedoch vom Standpunkt der schwarzmagischen Orden gesehen, stimmt es, dass selbige Kriege in gewisser Weise vorbereiten bzw. daraus den besten Nutzen schöpfen, d. h., dass sie ohne größere materielle Schwierigkeiten solche Krisen überstehen und unter Umständen noch Profit daraus ziehen. Wenn man sich die politische Lage ansieht, sieht man, dass der Euro bzw. Dollar dieselbe Stellung innehat wie Adolf Hitler. Er stellt eine Wirtschaftsmacht dar, die sich zuerst Europa holt bzw. geholt hat und sich dann weiter ausdehnt.

Wieso wollten die Amerikaner die Weltherrschaft mit Gewalt und Waffen an sich reißen und sich auf der ganzen Welt Stützpunkte sichern, wenn sie nicht genauso Machtbesessene wären wie alle Staaten auf diesem Planeten.

Auch die Wiedervereinigung von Ost- und Westdeutschland hatte in der ganzen Welt Proteste hervorgerufen, weil zu befürchten war, dass Deutschland seine alte ariosophische Macht wieder bekommt. Aber die hat sie schon und nützt sie in der *Diktatur* des europäischen Wirtschaftsraumes vollkommen aus. Nur bringt das vielleicht ein paar Menschen rein oberflächlich betrachtet Erfolg. Auf lange Zeit gesehen, führt das aber bei **jedem** unweigerlich zum völligen Untergang. Doch dies alles nur zur Einführung in meine kleine Schrift.

1. Zur Geschichte:

Der Erste und der Zweite Weltkrieg wurden von mächtigen schwarz-magischen Logen wie unter anderem von den 99ern (Freimauerorden der goldenen Centurie) und den *Nordischen* vorbereitet und ins Leben gerufen. Amerika und Russland – der Kapitalismus und der Kommunismus – waren bloße Logenexperimente durch differente Strömungen und entgegengesetzten Ansichten der unterschiedlichsten Orden, dessen Ursprung im freimaurerischen Deutschland lag. Denn jede okkulte Organisation hat andere Aufgaben und Arbeitsbereiche. So wird es zumindest offiziell in der gesamten okkulten bzw. freimaurerischen

Literatur berichtet und zwei Namen stehen dafür gerade: die Logenbrüder A. Weißhaupt und W. Lenin!

Das waren notwendige Stufen auf dem Weg zum „Novo Ordo Seculorum" – zur neuen Weltordnung, die die Harmonie im Sinne hat. Denn alles, was besteht, ist es wert, dass es zugrunde geht. So schlägt die Gottheit Shiva auf die Materie ein, um Maya, die Täuschung zu vernichten und **nicht** die mächtigen Logen der 99er, die für die Gottheit der Erde, dem Hüter der Schwelle arbeiten, denn immer das höhere, führende, leitende und bestimmende geistige Wesen gibt den Ton an.

Zu Beginn des 20. Jahrhunderts traten im deutschsprachigen Raum unzählige okkulte Logen und Vereine auf, die sich alle mit Esoterik in irgendeiner Richtung befassten. Sie überfluteten die gesamte okkulte Szene, die ihre Ideen, Anschauungen und Philosophien durch unzählige okkulte Zeitschriften an den „Mann" brachten. Es waren über 40 Zeitschriften, die **alle okkulten Themen**, die es gibt und gegeben hat, abdecken.

Sehr viele von diesen oben erwähnten Orden waren in Deutschland nordischen Ursprungs. Auch die Thule-Gesellschaft hatte eine arische Philosophie und sogar die Fraternitas Saturni, das von Gregorius in dem Artikel „Die Symbol-Gestaltung der nordischen Urschrift" bestätigt wurde! Es war die Zeit, wo das erste und letzte Mal schwarzmagische Orden an die Öffentlichkeit traten, um mit ihrer ins irdische verdrehten Philosophie und Symbolik, Mitglieder zu ködern, damit die Fähigsten unter ihnen, die Geschultesten, aussortiert werden konnten, um in den magisch arbeitenden Logen Eingang zu finden. Genau dieselbe Taktik dieser Freimaurerlogen nutzten Hitler und seine Schergen für ihre Zwecke, die Menschenmassen zu dirigieren. Denn die Rassenideologie mit Rasse, Blut, Boden, Raum und Wille war nur das Einstiegstor, die erste Stufe für die Massen nach dem Prinzip von Julius Cäsars „Brot und Spiele für das primitive Volk".

Doch warum immer wieder das deutsche Volk? Man sollte sich die Frage selbst beantworten. Die ganzen Gräueltaten im Mittelalter, die schändlichen Hexenverbrennungen, die am meisten in Deutschland betrieben wurden, die erste Bibelübersetzung, der Buchdruck, die gesamte Philosophie, das Land der Dichter und Denker usw. sollten das eigentlich schon beantworten. Sagt das nicht aus, dass wir ein besonderes Volk sind, wenn wir den Satz von Bardon an seinen Lieblingsschüler Dr. Milan Kuman als Beweis für obige Aussage anführen: „Hat uns die Göttliche Vorsehung vergessen? Uns geht es doch im Moment zu gut."

2. Und dann kam der Erkrankte:

Diese Form der Deutung des großen Führers Adolf Hitler ist an und für sich nicht neu, nur ist sie in Vergessenheit geraten. Er hatte nur Erfolg, weil die Masse – in Auswirkung ihrer Hirnrindenlähmung – (praktisch ausgedrückt, dem Schwinden ihrer gesunden Vernunft), eine natürliche Verwandtschaft zu allen jenen Menschen besitzt, die unter dem Niveau des kultivierten Geistesmenschen liegen. Zu den Halbstarken, Minderwertigen, Perversen, ja, zu den ausgesprochen Geisteskranken und Verbrechern, kurz allen, die nicht ganz auf der Höhe sind, die von unzähligen Leidenschaften zerfressen, von Süchten gepeinigt, von Dämonen des Ehrgeizes, des Menschenhasses, der Völkervernichtung gepeitscht sind. Der nicht im Gleichgewicht Befindliche, der Asoziale, geistig Defekte, Geisteskranke oder gar verbrecherische Mensch besitzt von Hause aus und von seiner eigensten Natur her eine innere Sympathie zur Masse, die von dieser erwidert wird. Spielt einer die Karten gekonnt aus, so kann er sich leicht als Geistesgenie, als moralische Größe, als der eigentliche Führer, der einzig und allein befähigte und bestimmte Gottmensch an die Spitze von Menschenmassen setzen. Seinen Namen, Adolf Hitler, der von Rechts wegen in eine psychiatrische Krankengeschichte oder in die Verbrecherdatei gehört hätte, hat einen Dauersitz in den Büchern der Geschichte bekommen, wo er dem Gesetze der Beharrung folgend, durch die Jahrhunderte mitgeschleppt, den Kindern und den Enkelkindern überliefert wird. Welch eine kranke Welt ist das doch, in der wir leben. Rein nach dem Prinzip: Wenn man einen Ball in eine Richtung schießt, dann rennen alle an Demenz Erkrankten hinterher.
Sämtliche Gräueltaten, die das gesamte sonst harmlose deutsche Volk ausgeübt hatten, funktionierten nach diesem Prinzip. Sie sind aus den Führer-Qualitäten jener Personen geflossen, die das Instrument der Massenbeeinflussung mit seltener Meisterschaft zu spielen verstanden und diese ihre Kunst zum Verderben des ihnen ausgelieferten Volkes ausübten. In erster Reihe selbstverständlich der oberste Herr und Meister, der immer wieder sich selbst als für alles Geschehen verantwortlich bezeichnet hat: Der schwer erkrankte Adolf Hitler.
Und auch bei ihm finden wir die scheinbar unerlässlichen abnormen, ja, krankhaften Wesenszüge. Nicht nur seine fanatische – was bei vielen stark suggestiven Rednern der Fall ist – sondern auch geradezu epileptoid

anmutende, allgemeine Gebärdung ihres Inspirators sticht einem ins Auge. Er, den die einen den *Gottgesandten* nannten, der die Generäle des Attentats vom 20. Juli 1944 „wie Schlachtvieh" aufgehängt haben wollte, der anordnete, dass, nach einem Augenzeugenbericht, den Opfern zur Hinrichtung die Hosen ausgezogen wurden, und sich alsbald an dem Film ergötze, den er von dem schauerlichen Vorgang herstellen ließ.

Er, den der Großteil der deutschen Welt, die einen früh, die anderen spät, als Dämon und Teufel empfand, war in Wirklichkeit ein extrem geistig **schwer kranker Mensch.** Wir dringen tiefer vor. Wir wollen nun seine eigene Art von Sexualität lüften, die dieses Verhalten erklärlich macht. In ihr lag die tiefe, eigentliche Wurzel (vgl. mit Wurzel- oder Sexualchakra) für die unerhörten Menschenopfer, die er in hundert Fällen bis zum Weißbluten darbrachte. Er schlachtete ganze Armeen, sozusagen sich selbst zur Wollust. Er war ein überzeugendes Beispiel für die künstliche Erzeugung einer katastrophalen Massenhysterie, denn er lebte seinen dämonischen Sexualtrieb nicht aus, weil er sich als Vater der Nation sah. Dies sagte alles der hermetische Ariosoph und Arzt Dr. Georg Lomer.

Der Psychopath Hitler, der Geisteskranke, der rettungslos Unbefriedigte, selber von unerträglichen inneren Spannungen verzehrt, wird zum Sprecher unerlöster Massen, deren Schrei stets dem Schrei wilder Tier- und Vormenschen gleich klang. Ursprünglich gewachsen aber ist diese Spannung auf sexualpathologischem Boden, als der uralten Brutstätte der lasterhaftesten Triebe der Menschheit. Man braucht dazu nur die Aussage Bardons in seinem 2. Werk im Kapitel Mars vergleichen, in welchem er schreibt, *„dass die Marssphäre in ihrer Auswirkung überwiegend das Marsprinzip verfolgt, dürfte dem Astrologiekundigen ja bekannt sein, denn unter den Einfluss der Marssphäre fallen z. B. leidenschaftliche Liebe, Erotik, übermenschliche Kräfte, Kriege, usw. "*

Schon vor einigen Jahren machte Dr. M. Vaerting aufmerksam, dass *„Kränklichkeit bei Mann und Frau die Kriegslust steigere ". „Die stärksten Kriegshetzer"*, sagte er, *„waren meistens schwächliche oder verwachsene Männer. Man denke nur an Homer Lea, der buckligen Körpers gewaltige Kriegsberichte schrieb. Gerade diese Art von Kränklichkeit, das steht fest, wirkt aufreizend und in gewissem Sinne entartend auf die Sexualität der Betroffenen, und es gibt da eine ganze Stufenleiter von Möglichkeiten, von einfacher Hysterie bis zur raubtierhaften Perversion. Ein Massenmörder wie Haarmann, der junge Männer kreuzigte, missbrauchte, schlachtete und ihr Fleisch als Kalbfleisch in den Handel brachte, kann ja schwerlich als* *sexuell normal gelten. Was aber ist der Krieg, nackt gesehen, anderes als ein Massenabschlachten frischen jungen Blutes? Die Parallele, so grausig sie ist, liegt auf der Hand. "*

All diese obigen Aussagen wurden mir von Ariane bestätigt. Sonst hätte ich sie auch niemals zu Papier gebracht.

Dies alles dient der Charakterstudie über den Führer, damit man das nun Folgende besser verstehen und seine Handlungen und Taten sich sinnvoller erklären kann.

Doch nun mehr über das Leben des sexualkranken und machtbesessenen Führers: 1907 kam Adolf Hitler nach Wien, das vor dem 1. Weltkrieg das kulturelle Zentrum in Europa darstellte. Es war der Mittelpunkt der Mystik. Man vergleiche die Entstehung der Parapsychologie, die sich dort entwickelte. Auch der Kilner-Schirm zum Sichtbarmachen der Aura – auch wenn das auf diese Weise unmöglich ist – nahm dort seinen Ursprung. Dr. Freud schuf neue Theorien in seiner Sexualpsychologie; die Auseinandersetzung mit dem Sexualtrieb, mit der Urkraft des Menschen, mit der sich Hitler besser hätte beschäftigen sollen. Schreck-Notzing, der im Beisein von Thomas Mann Materialisationsphänomene durch Medien hervorrief. Das alles und noch mehr war Wien.

Der darin enthaltene, allgemein schwingende Mythos ist nicht zu leugnen. Er hatte einen Einfluss auf die damalige Zeit. Der ariosophische ONT (Ordo Novi Templi) z. B. von Lanz von Liebenfels hisste auf der Ordensburg Werfenstein erstmalig eine rechtsläufige Hakenkreuzfahne. Aber hauptsächlich durch folgende okkulte Gesellschaften und Personen, die entweder in Wien zu Zeiten Hitlers lebten oder zu tun hatten, wurde okkultes Gedankengut verbreitet:

- Theosophische Gesellschaft;
- Hellenbach und du Prel hielten mit dem Medium Slade Seancen;
- Eckstein versammelte Denker um sich, wie F. Hartmann und R. Steiner, die Kontakt zu G. Meyrink hatten. Steiner sagte, dass es unter der Leitung von M. Lang Theosophen gäbe.
- Brandler-Pracht gründete eine astrologische Gesellschaft in Wien;
- List-Anhänger Hendl gründete eine okkulte Studiengruppe;
- Hartmanns „Lotusblüten" trägt eine Swastika am Titelbild;
- Zillmann leitete die „Metaphysische Rundschau";
- List und Liebenfels machten sich durch ihre antisemitischen Orden breit;

11

- Hörbiger schrieb seine „Glazialkosmogonie" und machte damit seinen Einfluss geltend.

Adolf Hitlers Geburtsort Braunau war astrologisch gesehen eine Brutstätte für Medien und pathologische Charaktere, sowie für „Genies und Psychopathen". Er wurde von seinem Vater mehrmals verprügelt, was sicherlich wiederum Spuren in seinem kranken Hirn hinterließ. Er lass über den Okkultismus alles, was er in die Hände bekam, obwohl er nach seiner eigenen Aussage arm und mittellos war und sich nichts leisten konnte. So steht es in „Mein Kampf". Aber das ist eine seiner unzähligen Lügen, die er gerne verbreitete. Des Weiteren hatte er laut Ordensgründer Lanz von Liebenfels Kontakt zum O.N.T., der nach dem Autor Daim der Mann war, der Hitler die Ideen gab. Das ist vollkommen richtig, denn Hitler war nicht in der Lage, auch nur einen Funken aus sich selbst zu erzeugen. Er baute auch in Nordrhein-Westfalen die Autobahnen aus, aber nur deshalb, weil die Pläne schon vor ihm existierten. Er wohnte eine Tür entfernt von der Guido von List-Gesellschaft und soll angeblich Mitglied bei dieser gewesen sein. Warum das? Weil er dadurch weitere Kontakte zu anderen Logen knüpfen konnte, wollte und musste, denn er suchte Macht, die er selber nie hatte. Auch der Germanenbund „Walhalla" versuchte, den 14-jährigen Adolf für sich zu gewinnen. Hitler stand verschiedenen Orden zumindest *nahe*, wobei über ein Drittel der Mitglieder Deutsche waren, was wiederum gut für neue Beziehungen war. Durch diese Verbindungen kam er an spärliche Informationen über die „FOGC" (Freimauerorden der Goldenen Centurie), bei denen es aber blieb.

1917 sprießen germanisch okkulte Orden nur so aus dem Boden. Alle hatten vielsagende Namen, waren aber an und für sich nur Auffangorden für einen mächtigen nordischen Orden. Dieser Orden verfolgte andere Ziele, als nur politische. Es gab aber einzelne Mitglieder, die ihre Mission in der politischen Umwandlung hatten. Die Thule-Gesellschaft war nur das nach außen gerichtete Betätigungsfeld. Der eigentliche nordische Orden nimmt nur wahre Könner auf, die sich schon mit der 2. Tarotkarte, wenn auch in negativer Weise, mit Evokationen beschäftigen. Hitler war nur Mitglied in der Gesellschaft, nicht im nordischen Orden.

Hitler soll auch die zum Teil verrückten Schriften von A. Crowley gelesen haben, die man sowieso nicht verstehen kann. In diesem Zusammenhang wollte ich wissen, ob Crowley, der ohne Zweifel magische Fähigkeiten besaß, auch Mitglied bei den 99ern war. Anion antwortet: „Die kennen ihn und umgekehrt auch, aber wollen so einen Verrückten nicht im Orden haben".

Er war eine Zeit lang im Männerheim und einige Biografen vermuten, dass er dort die Gelegenheit nutzte, um sich selbst reden zu hören, und dort fand er ja viele unfreiwillige Zuhörer. Er hatte dort jede Menge davon. Sein Freund Kubizek musste seine Monologe angeblich oft in dem gemeinsamen Zimmer über sich ergehen lassen und Adolf ging infolgedessen nie vor 3 oder 4 Uhr nachts ins Bett. Kubizek wurde davon schon nahezu irrsinnig, weil sein Freund Adolf immer und immer wieder das Gleiche sprach. Nichts Neues kam aus dem Hirn des Österreichers.

Ob es allerdings stimmt, dass er quasi auch hungern musste, ist nicht belegbar, da einige Biografen annahmen, er verfügte immer über reichlich Geld aus zwei Renten. Es war nicht so, wie er es in „Mein Kampf" vorgibt oder wie vielfach spekuliert wird. Auch wurde er bei der Musterung als untauglich befunden, was an seinem schlechten Allgemeinzustand lag. Doch auch dies kann durchaus an einem Mangel an finanziellen Mitteln liegen. Dies ereignete sich, als er in Deutschland lebte und sich in Österreich zur Musterung stellen musste, nachdem er eine Zeit lang von den österreichischen Behörden gesucht wurde. Dass er nachher im deutschen Heer gedient hat, liegt wohl daran, dass er sich von dem schlechten Allgemeinzustand wieder erholt hatte. Wie auch immer, denn sein Hausarzt bescheinigte, dass bei Adolf gesundheitlich nie etwas ernsthaft in Unordnung gewesen sei. Man sieht, dass viel Biografisches falsch gedeutet wurde, dass ihm viel unterstellt wird, vieles sind nur Spekulationen. Man muss auch hier die Spreu vom Weizen trennen. Man schob ihn immer auf eine magische Schiene, wobei es sich um ein falsches Gleis handelte. Adolf Hitler konnte nie einen eigenen Weg gehen, da er unfähig war, auch nur einen Finger zu rühren, denn er war nach Arianes Aussage ein reines Medium für seinen Gott! Er glaubte zwar an okkulte Dinge, dazu half ihm der Zeitgeist, aber das war's auch schon. Aus diesem Grund wollte er alle Orden kennenlernen, ihr Geheimnis bzw. ihre Macht rauben, um sie für seine Zwecke auszunützen. Andere Autoren behaupteten, dass die schwarzmagischen Orden für ihre Beschwörungen Menschenopfer gebrauchten. Doch solche Arten der Anrufung von Gegengenien existieren wirklich, wie man der okkulten Literatur entnehmen kann! Andererseits wurden die verschiedensten sexual-magischen Orden wie z. B. die Fraternitas Saturni gegründet, in welchem man mit derartigen Praktiken Dämonen beschwor.

13

3. Hitlers okkulte Freunde:

Der Freund Hitlers, Karl Haushofer, war Ostasien-Experte, bereiste mehrmals Tibet, Indien und Japan nachweislich. Dort lernte er verschiedene Geheimgesellschaften kennen, unter anderem Lama Trebisch Lincoln´s „Gesellschaft der Grünen". Um im Orden „Grüner Drache" in Japan aufgenommen zu werden, musste er schwere Prüfungen über sich ergehen lassen. Er fand rassistische Beziehungen zwischen Tibet und den Germanen. Haushofer gründete einen Orden mit tibetanischer Prägung. Selbst die Gelugpas – Gelbmützensekte – hat einen Seitenzweig, der sich schwarzmagisch schulenden 99er. Diese Vereinigung war in den 2. Weltkrieg verwickelt. Ebenso der Pentagramm-Orden – Pentagon – der auch einer der zahlreichen 99er war – so wird es uns berichtet. Auch im Vatikan existieren solche Verzweigungen. Mein Freund Anion war vor vielen Jahrhunderten in Tibet bei solch einem Orden Mitglied. (Näheres siehe: „Auf der Suche nach Meister Arion" und „Das Leben und die Erfahrungen eines wahren Hermetikers".)
Haushofer, der angeblich nachweislich über magische Fähigkeiten verfügte, war Mitglied im irdischen Orden der „Brüder vom Licht", zudem Zauberer aus aller Welt gehörten, wie zum Beispiel Tibetaner, Buddhisten, Japaner, Sufis, Rosenkreuzer, Schamanen usw. Es gab auch eine tibetanische Kolonie in Berlin, die Kontakte zu einem tibetanischen Mönchsorden unterhielt.
Ich zähle das alles nur auf, weil ich dadurch begründen möchte, dass es Verbindungen zwischen den Orden einzelner Nationen gab und gibt. Auch eine SS-Expedition brachte ein Funkgerät zur Aufnahme einer Verbindung zwischen Lhasa und Berlin nach Tibet. Wäre Hitler ein Könner gewesen, dann hätte er solch materielle Mittel nicht benötigt. Rudolf Heß, ein Vertrauter Hitlers, hatte den Spitznamen „der Yogi aus Ägypten" und war Mitglied in mehreren Orden und Hochgradfreimaurer. Aber das waren alles nur Grade ohne innere Reife. Sogar die SS schulte ihre Männer mit geistigem Gedankengut. Sie wurden die Totenkopfabteilung genannt, nicht nur weil sie den Tod verbreiteten, sondern weil sie das eigene Ich abtöten mussten, so wie es die buddhistische, leider durch Hitler für die SS verdrehte Philosophie forderte.
Gurdjieff, der bekannte russische Okkultist, soll angeblich Mitglied in einem mächtigen schwarzmagischen Orden gewesen sein. Anion meinte,

14

dass er, wenn überhaupt, nur ein Anwärter für den Thule-Orden gewesen war. Alle gut geschulten Menschen kennen diese magischen Orden. Gurdjieff soll ebenfalls wie Crowley und Reuss als okkulter Spion tätig gewesen sein. Der okkulte Roman von Gregorius „Der Weg ins dunkle Licht" behandelt das Thema der okkulten Spionage und Beeinflussung. Selbst die mächtigsten Schwarzmagier sind ohne ihre verbündeten Dämonen nur leere Hüllen, denn diese „göttlichen Wesen" zeigen ihren Schützlingen nur das, was ihnen die Göttliche Vorsehung, mit der sie in dauernder Verbindung stehen, billigt. Gehen ihre Verbündeten darüber hinaus, sind sie nicht mehr lange am Leben.

Auch der Tod Adolf Hitlers war nur inszeniert, denn wer kann schon sagen, dass eine verbrannte Leiche eine bestimmte Person sei. Auch wenn man sagt, dass die Zähne mit den Akten übereinstimmen. Wie leicht ist das zu fälschen. Das Gleiche gilt für das Blut, welches nach den DNA-Spuren angeblich Hitler zugeordnet werden könnte.

Laut einem Zeitungsbericht der Frankfurter Allgemeine hat man sein Privatflugzeug im Dschungel von Argentinien gefunden. Auch einige seiner Vertrauten sagen in verschiedenen Dokumentationen im Fernsehen aus, dass vor Einmarsch der Russen noch viele Flugzeuge in Richtung Westen – Südamerika – gestartet seien. Der ARD-Korrespondent Brugger schreibt in seinem Buch „Die Chronik von Akakor", dass Hitlers einsame militärische Entscheidungen, seine Welteroberungspläne und die Aktionen von Geheimkommandos in den entferntesten Teilen der Welt, wie Argentinien und Brasilien, undurchschaubar wären. Man wusste nicht zu welchem Zweck! Augenzeugen wollen die Landung deutscher U-Boote vor der Küste von Rio de Janeiro und Argentiniens beobachtet haben. Ein Reporter der brasilianischen Zeitschrift „Realidade" entdeckte sogar eine deutsche Kolonie im Matto Grosso, die ausschließlich von ehemaligen SS-Mitgliedern bewohnt sei. Die Möglichkeit, dass Hitler dabei war, sei sehr groß. Selbst mein Großonkel ist nach Argentinien geflüchtet und wurde vom Nazijäger Simon Wiesental gesucht. Auch die CIA glaubte den Aussagen nicht, dass Hitler tot sei und stellte einen Steckbrief aus, der auch auf sein verändertes Aussehen einging. Es wurden mehrere Bilder von ihm angefertigt, die ihn einmal mit Bart, ein andermal mit Glatze darstellten. Nach Franz Bardon hatte er sein Gesicht operativ verändern lassen. In einer amerikanischen Dokumentation wurde sogar aufgezeigt, dass Hitler in einem bestimmten Hotel genächtigt hatte. Er ging mit einer Frau – wahrscheinlich Eva Braun – sogar in die angrenzende Oper. Er verbarg sich sehr gut, denn ein unterirdischer, ausgehobener Tunnel verband sein Zimmer mit den Räumen des Hotels, wo Veranstaltungen getätigt wurden. Er litt nämlich unter panischer Angst, die an Irrsinn grenzte, er könnte aufgespürt werden! Doch das brachte ihm alles nichts. Er konnte ohnehin nicht mehr lange am Leben bleiben und verstarb einige Zeit nach seiner Ankunft in Argentinien.

Auch die Vertrauten Hitlers, wie z. B. Göring selbst, beherrschten angeblich die 4 Elemente, doch durch seine Morphinsucht, die er sich in einem Innsbrucker Krankenhaus nach dem Putschversuch durch eine Schusswunde zuzog, verlor er dummerweise die Herrschaft darüber. Seine Mutter hatte Kontakt zu einem schwedischen esoterischen Geheimzirkel. Dadurch kam ihr Sohn Hermann zur Esoterik.

Das, was ich über Himmler schrieb, muss ich berichtigen, denn er war ein Thul-Meister, ein Meister der Sprache, der sich sehr für das Okkulte interessierte. Von einem Antiquar erfuhr ich, dass er in Ungarn eine okkulte Privatbibliothek von über 30.000 Bücher hatte. Himmler meinte sogar, er könne sich an eine seiner Vorinkarnationen erinnern. Er behauptet, er sei wirklich Heinrich gewesen. Er und seine 12 Vasallen konzentrierten sich einst auf einen Richter, um das Urteil zu beeinflussen. Das Ergebnis bleibt offen! Er baute auch die Wewelsburg nach seinen Vorstellungen um. Er ließ einen eigenen Kultraum mit 12 steinernen Sitzen erbauen, in der Decke ein Hakenkreuz und in dem darüber liegenden Raum war eine aus 12 Siegrunen zusammengesetzte Schwarze Sonne. Dies wurde ein Sitz des Thule-Ordens.

Hitler umgab sich gern mit Gleichgesinnten, die alle nur Macht ausüben wollten. Das ist der wahre Grund für die Bildung von *Ahnenerbe*, die in der ganzen Welt nach okkulten Reliquien suchten, aber bekanntlich keine fanden. Bis auf eine, die er von Hanussen geschenkt bekommen hatte. Darüber berichte ich später.

4. Hitlers Traum von Macht:

Die Ideologie der Nationalsozialisten wollte eine neue Form von Religion und Kultur begründen. Darum mussten alle vorangegangenen Glaubensrichtungen ausgemerzt werden. Dazu wurde der Kult des Deutschtums geprägt, der den Menschen vom reinen Ariertum fernhalten

16

sollte. Von ihren als positiv betrachteten Elementen wollte man jedoch profitieren. Himmler gründete eine Forschungsgesellschaft namens Ahnenerbe, die unter anderem beauftragt wurde, sich um die Geheimgesellschaften und ihre Anhänger zu kümmern, bei denen man beträchtliche Macht vermutete. Diese wenig bekannte und noch kaum erforschte Spezialabteilung verlangte die Festnahme von Wahrsagern, Astrologen, Okkultisten, Heilern und Magiern, um ihnen ihre Techniken zu entlocken und deren Wirksamkeit zu überprüfen. Man betrachtete diese übersinnlichen Fähigkeiten als leistungsstarke Waffen, die man einsetzen wollte, um die Vormachtstellung des Reichs zu festigen. Hitler konnte diese Macht nur ausbauen, so sagt es Savitri Devi in „Hart wie Kruppstahl", weil er im Ursinn der Dinge handelte, d. h. im vollen Einklang mit den ewigen Gesetzen des Rhythmus von Sein und Nichtsein! Aus diesem Grunde wurden alle Freimaurerlogen geschlossen und ihre Mitglieder verhaftet. Der Grund lag darin, dass Hitlers Machtgier nicht erkannt werden sollte und er die Macht alleine ausüben wollte. Adolf Hitler war der rechten Ansicht, dass die Weltgeschichte nur durch eine kleine Elite Veränderungen erfahren kann. Deshalb sprach er immer von einem Reich, einem Volk und seinem Führer, womit er sich selbst betitelte! Er zählte sich zum kleinen Kreis der Eingeweihten. Man muss das so sehen, dass es über Hass und Rache und deren Rausch, noch etwas Höheres gibt, mit dem er mediumistisch verbunden war, nicht die christliche Nächstenliebe, die sich auch zu den Feinden der eigenen Rasse ausdehnt; nicht die Verzeihung für jedes Geschehen, sondern die klare, intelligente Einsicht, die im weitesten Interesse einer heiligen Sache liegt, die Entwicklung zu Gott. Das war Hitlers Auftrag, durch die Vernichtung der Menschheit eine neue und bessere zu bilden. Er opferte die Gegenwart zugunsten einer edleren Zukunft. Das alles liegt in den Sternen geschrieben!

Himmler befahl die Zerschlagung der Freimaurerei, nicht ohne sich ihre brauchbaren Schätze anzueignen. In allen besetzten Gebieten erhielt der deutsche Sicherheitsdienst die Aufgabe, Treffpunkte von Freimaurern zu umstellen, ihre Archive und Rituale aufzudecken. Schuld an deren Misserfolg war die Tatsache, dass es innerhalb der institutionellen Freimaurerei einen völlig unabhängigen geheimen Zweig gab. Genauso wie es beim „Golden Dawn" einen inneren Kreis gab, existierten sogenannte Winkellogen als Erben der seit der Antike von Stuhlmeister zu Stuhlmeister überlieferten Einweihungslehren. Manche dieser Logen verwahrten die ursprünglichen Rituale unauffindbar.

Die Nazis glaubten, durch diese Rituale, die es geschafft hätten, ganz Europa zu zivilisieren und den Templern zu einer mächtigen Finanzmacht zu verhelfen, die Welt zu beherrschen. Für solche Dinge war die Forschungsabteilung des Ahnenerbes zuständig. Himmler war überzeugt, dass die Manipulation der Seelen nicht nur das wirksamste Mittel war, um den Krieg zu gewinnen, sondern auch, um danach eine dauerhafte Herrschaft zu begründen. Nach 1945 ist nicht alles zu Ende gegangen, sondern jetzt geht es erst richtig los, wenn man den tieferen Sinn dieser Worte verstehen kann. Denn der Wiederaufbau ließ die Menschen verdummen, da sie sich im Wohlstand suhlen konnten wie die Schweine.

Die anderen Mitglieder des Ahnenerbes, das beauftragt war, die okkulten Kräfte wie Hochpräzisionswaffen einzusetzen, glaubten vermehrt an die nordischen Traditionen und an die tibetanische Mystik. Man hatte sogar ein Sonderkommando nach Lhasa gesandt, um die Geheimnisse der tibetanischen Zauberer zu ergründen. Wahrscheinlich hat das Dritte Reich für okkulte Wissenschaften mehr Geld aufgewendet als die USA für den Bau der ersten Atombombe. Die Aktivitäten nationalsozialistischer Geheimbünde reichten von der Lokalisierung des Ursprungs der arischen Rasse bis zu ausgedehnten Expeditionen in die entferntesten Teile der Welt. Als die deutschen Truppen Neapel aufgeben mussten, befahl Himmler, den Grabstein des letzten Hohenstaufenkaisers nach Deutschland zu bringen. Die Organisation Thule beschäftigte sich mit dem okkulten Sinn der gotischen Türme und stellte zahlreiche Kontakte zu tibetanischen Mönchen her. Als die Russen in Berlin einmarschierten, fanden sie Hunderte von namenlosen Tibetanern und Indern, die an der Seite deutscher Soldaten gefallen waren. Doch nach dem unten bekanntgegebenen Bericht hatten sie manchmal auch Erfolg im Suchen von okkulten Reliquien. In der Zeitschrift „Die andere Welt" wurde von E. Maria Körner, (S.651-652) den ich zitiert wiedergebe, ein interessanter Artikel veröffentlicht. Er behandelt Hitlers Wahn nach okkulten Machtmitteln:

„Das Geheimnis der Hitler-Alraune"

„Hitler stand mit dem Glauben an die Auswirkungen übersinnlicher Einflüsse unter seinen prominenten Parteigenossen keineswegs alleine da. Außer ihm klammerten sich vor allem R. Heß und H. Himmler an Horoskope, Amulette, Maskotten und Talismanen und waren vom Walten dieser Kräfte felsenfest überzeugt.

Hitler war ein eifriger Leser der Werke von H.H. Ewers. Vor allem hatte Ewers „Alraune" tiefen Eindruck auf Hitler gemacht. Worin allerdings die erst im Mittelalter aufkommenden sexualmagisch betonten Alraunen-Legenden keine Entstellung darstellen (siehe „Okkulte Logenbriefe").

Durch die Lektüre der Bücher E.T.A Hoffmanns und E.A. Poes mit okkulten Phänomenen wohlvertraut, wurde Hitler im Jahre 1926 während eines Aufenthaltes in Berlin mit dem Hellseher E.J. Hanussen bekannt. Darüber hinaus war Hanussen vor allem ein Meister der Magie, der Massenbeeinflussung, hatte unzählige magische Auftritte wie Franz Bardon, und hatte die Geheimnisse dieser Rhetorik und Technik auch Hitler mit Erfolg gelehrt. Vieles von ihm liegt für immer unauffindbar in Archiven verborgen! Dafür trägt das Ahnenerbe die Verantwortung!

Hitler fasste Vertrauen zu seinem Lehrer, der den Schüler nun langsam aber sicher auch politisch zu beeinflussen wusste, um seine Richtung zu ändern. Dies blieb dem Thule-Orden nicht verborgen. Seltsam ist, dass Hanussen trotz dessen wiederholter Bitte sich hartnäckig weigerte, Hitler ein Horoskop zu stellen. Erst kurz vor der Jahreswende 1932 kam Hanussen diesem Verlangen nach, indem er Hitler als Neujahrsgeschenk mit einem gereimten Horoskop als Talisman zugleich eine Alraune sandte. Der Führer hatte sich schon längst eine solche Wurzel der seltenen Mandragorapflanze gewünscht, der der Wunderglaube des Volkes (aber auch der Okkultisten E.M.K.) geheimnisvolle Kräfte zuschreibt. Hanussen hatte Hitlers Machtergreifung (und die extremen Kriegsfolgen) auf den Tag haargenau vorausgesagt, obwohl diese in den letzten Dezembertagen 1932 niemand für möglich gehalten hätte, „und dann am Tag vor Monatsende stehst du am Ziel und an der Wende.", nämlich am 30. Januar 1933.

Auch die anderen Parteigrößen waren bei der Silvesterfeier auf dem Obersalzberg von der gleichen tiefen Niedergeschlagenheit beherrscht. Nur Hitler blickte im Vertrauen auf Hanussens Prophezeiung zuversichtlich in die Zukunft.

Die Alraune war ein 48 cm großer Wurzelstrunk (normalerweise werden die Alraunen nur etwa 10 cm groß), der einem Zwerg glich, der mit gespreizten Beinen und ausgestreckten Armen unbeholfen dahin schreitet. Als Hitler dem späteren Reichsmarschall Göring diese wunderliche Gestalt zeigte, machte dieser den Führer auf die auffallende Ähnlichkeit dieses seltsamen halbvertrockneten Gebildes mit dem umgangssprachlich als `Schrumpfgermanen´ bezeichneten Goebbels aufmerksam.

Diesen Vergleich empfand der Mephisto als tödliche Beleidigung.

Wahrscheinlich war das auch unter anderem die tiefere Ursache, weshalb Goebbels intimer Freund Graf Helldorf in seiner Eigenschaft als Polizeipräsident einige Monate später den Hellseher Hanussen von seinen Rabauken ermorden und die Leiche in einen Wald bei Potsdam werfen ließ. Das Ermittlungsverfahren gegen den unbekannten Täter wurde bald darauf eingestellt. Auf keinen Fall ist Hanussen im Auftrag oder mit stillschweigender Duldung Hitlers beseitigt worden, denn dazu waren ihm die Ratschläge des Hellsehers viel zu wertvoll.

Der Besitz der Zauberwurzel verlieh dem Führer zu mindestens Selbstvertrauen und Kraft, um mit nachtwandlerischer Sicherheit seine Entscheidungen zu treffen. Was er auch in den ersten 7 Jahren seiner Macht unternahm, war von Erfolg gekrönt; selbst die beiden ersten Kriegsjahre brachten eine ununterbrochene Kette von Siegen, die niemand für möglich gehalten hätte. War die geheimnisvolle Alraune das Unterpfand dieses märchenhaften Glücks?

In einem verschlossenen und versiegelten Kästchen schlief sie im Privattresor Hitlers. Da wendete sich plötzlich das Blatt. Die sieben Erfolgsjahre waren vorüber.

Am 10.5.1941 flog Heß nach England und das war eine ungeheure Blamage für das Reich, zumal die Aktion Seelöwe, die geplante Aktion gegen die britische Insel, unmittelbar bevorstand. Damit verlor Hitler seinen Glauben an die Hilfe okkulter Mächte, verbot sämtliche okkulte Zirkel und Gesellschaften und verfolgte die Forscher. Goebbels nahm nun die Gelegenheit wahr und wollte Hitlers Alraune vernichten. Er schickte einen hohen SS-Offizier nach dem Obersalzberg, um das dort verwahrte Kästchen mitsamt der Alraune an Ort und Stelle zu vernichten.

Doch der Offizier kam dem Befehl nicht nach, sondern schickte den geheimnisvollen Gegenstand vielmehr an einen Freund nach Wien (Herrn Dr. H.S. – Anmerkung von Eberhard Maria Körner), der ein eifriger Sammler von Hitler-Reliquien und -bildern war.

Am 15.5.1941 wurde der Talisman vom Obersalzberg fortgeschafft. Am gleichen Tag erließ Hitler den Befehl zum Aufmarsch an der Ostgrenze und traf die letzten Vorbereitungen zum Feldzug gegen Russland, der mit dem größten militärischem Zusammenbruch der deutschen Geschichte und dem Untergang des Tausendjährigen Reiches enden sollte.

Als Hitler Kenntnis vom Verschwinden seines Talismans erhielt, bekam er einen Wutanfall und machte Goebbels einen furchtbaren Krach. Aber die Alraune war und blieb verschwunden, denn der Wiener Sammler hatte sie im Koffer im Luftschutzkeller seines Hauses verborgen. Später wurde dieses Haus ausgebombt und der Keller verschüttet. Nach 1945 fand man in den Schuttmassen der Ruine den Koffer. Wie durch ein Wunder war er unversehrt geblieben.

In Gegenwart und unter Kontrolle eines Notars wurde er geöffnet. Die Alraune kam wohlerhalten zum Vorschein. Am Hals der Wurzel war eine versiegelte Silberkapsel eingeschlossen. Sie wurde geöffnet und zwei kleine Pergamentrollen kamen zum Vorschein. Darauf hatte Hanussen geschrieben:

> *„...doch wehe wenn der Bund gebrochen,*
> *das böse Wort einmal gesprochen.*
> *Dann sinkt der Geist, der riesengroße,*
> *zum Orkus ab, ins Bodenlose.*
> *Das Werk vergeht in Rauch und Flammen,*
> *sobald der Zyklus 12 beisammen.*
> *Der große Zauber flicht als Binder*
> *den Eigentümer an den Finder,*
> *und wenn auch beide untergehen,*
> *bleibt das Alraunchen doch bestehen."*

Eine betrügerische Mystifikation ist ausgeschlossen. An der Echtheit der Alraune und der damit verknüpften Prophezeiungen Hanussen besteht nicht der geringste Zweifel. Ein Protokoll mit der eidesstattlichen Beurkundung durch den Notar liegt vor."

5. Das Arbeiten der FOGC:

Es hätte mir schon zu Beginn einleuchten müssen, dass die FOGC sich nicht durch ein Mitglied ihres eigenen Ordens vernichten ließe. Ein Wort des Meisters der Loge hätte genügt, um Hitler Einhalt zu gebieten. In diesem Orden gilt das Meisterwort. Der Großmeister der F.S. Gregorius und seine höheren Mitglieder waren alle 99er und mussten großteils aus Deutschland fliehen. Was wäre das dann für eine weltumspannende Bruderschaft?

Dass es magische Logen gibt, die politisch arbeiten, bestätigt er im Roman

„Der Weg ins dunkle Licht": *„Auch zu okkulten Kreisen führten sie und wahrscheinlich sogar zu politisch stark im Hintergrund arbeitenden Geheimzirkeln,"* heißt es dort. Im weiteren Verlauf geht es darum, dass die Orden – unter anderem die Fraternitas Saturni – sich mit Sexualzauberei in den Ablauf des politischen Geschehens einmischt. Sie setzen durch ihre Rituale gewisse Ursachen, die sich dann so auswirken, wie sie es haben wollen.

Als Beweis, dass die Zauberer das Lügen kennen, führe ich einen Artikel des oben genannten Großmeisters an, in dem er sagt, dass der Orden nichts mit Politik am Hut hat, eine Aussage, die sich mit der in dem Roman genannten widerspricht: *„Daher treibt die Loge keine öffentliche Politik und hält sich von allem diesen Bestrebungen fern."* – *„Doch aus dieser wunderbaren und idealistischen Zielsetzung heraus halten wir uns fern von den üblichen jetzt im Alltag herrschenden politischen Kämpfen und Machenschaften."* (Siehe den Sonderdruck 4: „Politik und Loge").

Auch der Freund von Gregorius und ebenso Großmeister Giovanni, der beim Ordnungsamt in Bochum tätig war, lernte über diese Stelle viele einflussreiche Leute kennen, die er unter seine magische Lupe nahm. Nach dem Roman „Auf Teufel komm raus" war er der Herr über Bochum.

Als ich einmal nach der Arbeit einen kleinen Spaziergang in der Umgebung des St. Johannis Krankenhaus in Bochum machte, sah ich noble Villen, an deren Tür eigenartige Schilder hingen. Auf einem stand: „Haus der Harmonie", auf dem anderen: „Verein zur harmonischen Ausbildung" usw. Mich wunderte so was und ich berichtete sogleich meinem Freund davon.

„Johannes,", sagte er, „überall dort, wo sich Menschen befinden, die sich in gehobenerer Stellung für unterschwellig esoterische Dinge interessieren, übt Frater Giovanni seinen negativen Einfluss aus."

„Ist er dort überall Mitglied?"

„Ja, er sagte mir, dass es noch weitere Orden gibt, die so arbeiten, wie die Saturni, also mit leidenschaftlicher Sexualzauberei. Aber mit Magie hat das nichts zu tun. Die Orden sind im Vergleich zur F.S. geheim. Er wollte mir diese schmackhaft machen, aber da die alle nichts taugen, verneinte ich die Mitgliedschaft."

Die Großmeister der einzelnen Logen haben Kontakt untereinander einmal über den magischen Spiegel und außerdem gibt es Orte in der Astralwelt, wo sie sich treffen. Man vergleiche dazu den Bocksberg der Hexen im Harz. Hitler, der das alles weder kannte noch konnte, wollte jedoch die alleinige Weltherrschaft. Er wollte verehrt werden wie ein Gott und selbst über Gott stehen. Genauso wie die Fraternitas Saturni, die sich anmaßte, über dem Saturn, dem Schicksal zu stehen. Hitler wollte alle Logen und auch die 99er verbieten lassen, damit er ungehindert die Weltherrschaft ausüben konnte. So größenwahnsinnig war er. Doch aufgrund seines Unwissens und seiner Unfähigkeit brauchte er dafür Franz Bardon, der als Hermetiker über sämtliche Logen Bescheid wusste. Aber verraten hatte er ihm nichts. Bardon wies ihn nur darauf hin, dass das Symbol und die Idee des Hakenkreuzes von Hitler kippen wird, da es schräg gezeichnet wurde. Und er hatte damit recht.

Hitler hat nur Angriffe gestartet, wenn sie astrologisch gut aspektiert waren. Sonst blieb er passiv. Es wäre eine Leichtigkeit für Schwarzmagier gewesen, den Krieg mit ihren magischen Mitteln zu beeinflussen, aber die Dämonen, denen sie unterstehen, wollten dies nicht. Hätten die Zauberer das gebrochen, würden sie eines fruchtbaren Todes sterben. Man kann dazu die Geschichte mit dem Zauberer Urban Grandier oder das Leben des Dr. Faust vergleichen. Beide wurden aufs Furchtbarste von den Gegengenien gefoltert. Grandier wurden sämtliche Knochen zerschmettert und dann wurde er bei lebendigem Leibe verbrannt.

6. Hitlers angeblich okkulte Fähigkeiten:

Hitler hatte, wie ich schon des Öfteren angedeutet habe, nie und nimmer okkulte Kräfte. Aber dennoch war er zu Erstaunlichem fähig, was wiederum die Grenzen des Menschenmöglichen überstieg. Das hat natürlich seinen Grund, der zwar okkult ist, aber direkt mit ihm nichts zu tun hat. Aber dennoch muss ich an dieser Stelle einiges berichtigen:

Ich beginne nun, seine magischen Fähigkeiten, die ihm zugesagt werden, zu beschreiben. Laut einem Bericht hatte der Führer in seiner Wiener Zeit 7 blutjunge Freundinnen, von denen 6 Selbstmord begangen und eine davon landete in der psychiatrischen Anstalt. Es wird behauptet, dass er mit ihnen Sexualzauberei mit den daran verbundenen Dämonenevokationen durchführte. Eher kommt es hin, dass er sie auf sexuelle Weise vampirisierte, und zwar so stark, dass sie ihren Lebenswillen verloren hatten. Diese Kraft verwandte er dann für seine visionären Zwecke.

Auch die Aussage seiner Freundin Eva Braun, welche in einem Brief schrieb, dass er sie nur für eine Sache braucht, lässt die gleichen

Vermutungen – und nur Vermutungen – aufkommen, dass er sie für Sexualmagie missbraucht hätte. Uns wurde berichtet, dass Himmler seinen Führer und dessen Freundin zu einer Schwarzen Messe benötigte, bei der gewisse Ursachen für den Aufstieg zum Führer geschöpft wurden. Die Sekrete wurden von Himmler auf magische Weise verwertet, genauso, wie das Gregorius in der Geschichte „Exorial" geschildert hatte! Hitler hatte nämlich mit E. Braun nicht einmal Kinder, weil er sich als der Vater der Nation sah. Nur dafür setzte er seinen Trieb ein!

Er soll ein fotografisches Gedächtnis besessen haben. Es gibt sogar ein Zeugnis für seine Fähigkeit. Er konnte aus der Erinnerung genaueste Zeichnungen anfertigen, aus Zeitungen exakt zitieren usw. Außerdem führte Adolf Hitler Zwiegespräche mit windbewegten Bäumen, erinnert sich Prof. Theodor Gissinger. Er unternahm auch nächtliche einsame Wanderungen im Wald. Nur wozu? Um seine visionären Schauungen zu frönen und seine Bilder auszubauen.

Hitler hat sich aus dem Männerheim zur Sommersonnenwende abgemeldet. Der Zeitpunkt ist sicher interessant, aber ob er zu diesem Zeitpunkt Mitglied bei den 99ern war, ist niemals nachweisbar. Er verlässt aber dagegen nachweislich das Männerheim am 21.6.1910 für drei Tage. Warum? Wegen der Auslosung bei dem „Freimaurerorden der Goldenen Centurie", bei welchem er damals folglich schon Mitglied gewesen sein konnte? Auch nur eine Vermutung, aber kein Beweis, denn viele Menschen sterben am 21. oder 22.6. und wurden dennoch nicht durch die Logenziehung der 99er zu Tode verurteilt. Und der Tag der Ziehung des Todesurteils ist am 23.6. und nicht am 21. Außerdem glaube ich kaum, dass die FOGC einen Mann aufgenommen hätten, der in einem Männerheim lebte und aussah wie ein Obdachloser. Die Fraters hätten ihn finanziell sofort unterstützt und ihm auf die Beine geholfen. Das taten sie aber nicht.

Seine Schwester sagte, dass er mit einem Fluidum ausgestattet war, das von innen nach außen strahlte und ihm von höheren Mächten verliehen war. Mit höheren Mächten hat sie vollkommen recht. Er hatte eine Ausstrahlung, ein Charisma, die die Frauen in sexuelle Ekstase stürzten, eine elektrisierende Wirkung auf die Massen, welche seine Nachfolger niemals in diesem Maße hervorzubringen vermochten. Weder vor noch nach ihm hat es einen gegeben, der die Massen so verzaubert hat wie er.

Eigenartigerweise waren seine Lieblingsfarben schwarz, rot (Marsfarben) und braun, die Farbe der Erde, die wir Hermetiker die Hölle nennen. Eine eigenartige krankhafte Mischung.

Heinz Linge, welcher Hitlers Chef des Persönlichen Dienstes war, der 10 Jahre lang seinen Landsmann aus nächster Nähe erlebte, schrieb ein Buch über den Führer. Selbiger berichtet, dass die Bunker der Wolfschanze Pyramiden glichen und dass sich Hitler dadurch „nach Ägypten versetzt fühlte". Da er in sich selbst keine derartige Schwingung aufbauen konnte, musste er dazu die materielle Form wählen. Jeder wahre Meister hätte das aber mit Leichtigkeit vollbracht. Weiterhin berichtet er beispielsweise, dass Hitler 1945 zwar körperlich am Ende war, aber sein fotografisches Gedächtnis und seine geistige Energie jedoch unglaublich waren. Das rührt daher, dass er von einem Wesen beeinflusst wurde, welches ihn für seine Zwecke ausnutzte, aber im Endeffekt verließ! Als Beispiel der Macht dieses Wesens berichtet Linge auch, dass Hitler gewöhnlich genau spürte, was jeder um ihn herum dachte, und so zuckte manch einer bei der gemeinsamen Tafel beispielsweise plötzlich zusammen, wenn er hörte, wie Hitler seine noch nicht geäußerten Einwände augenblicklich ad absurdem führte, ohne ihn, den Gast, dabei besonders anzusprechen.

Dies alles konnte er nur bewirken, weil er ihn Verbindung mit einem Dämon stand. Dieses Wesen suchte gerade ihn aus, weil seine Veranlagung und sein Interesse in die gleiche Richtung gingen, wie dieser Genius bei seinem Auftrag ausführen musste. Die Verkörperung des negativen Prinzips. Der Führer wurde vor seinen Reden durch eine mächtige Dämonengottheit besessen, um so einen besseren Einfluss auf das deutsche Volk ausüben zu können. So etwas wurde mit einem wissenden aber in dieser Inkarnation ungeschulten Mann durchgeführt. Aus diesem Grunde schreiben einige Autoren auch, dass er ein Medium war, der sich immer mit einer höheren Macht verband. Und diese Autoren hatten recht. Er war ein vorgeburtlich geschultes Medium, weswegen er dafür auserwählt war.

Manchmal sind es hohe Dämonen, die in das Schicksal der Menschheit entscheidend eingreifen, denn kein menschliches Wesen wäre für so etwas geeignet. Als Beweis nenne ich die Verkörperung des Erdgürtelvorstehers „Asamarc", der im alten Ägypten eine Mission übernommen hatte. Auch der Urvorsteher des Traums – Nahum – hat unter seinem richtigen Namen in der Bibel ein Prophetenbuch geschrieben.

Bei Hitler sah der Sachverhalt etwas anders aus. Da Hitler zum Führer des deutschen Volkes aufsteigen sollte, dies lag in seinem Blut, veranlassten Goebbels, Himmler und Göring eine mediumistische Evokation, bei der der Marsgott Samuel in Hitler einfuhr und ihn besessenen machte. Immer wenn er eine gewisse magische Kraft brauchte, rief er den Genius, und er konnte handeln wie ein Gott.

Es gibt darüber eine interessante Geschichte, die meine Freundin Ariane im Fernsehen gesehen hatte. Hitler stand vor dem Rednerpult, klein, gebeugt und unauffällig, und plötzlich sah man von hinten einen leichten, feinen Schatten über ihm, der in ihn eindrang und augenblicklich richtete er sich auf und sprach in seinem typischen Tonfall. Die Massen waren begeistert. Der Kommentator meinte sogar selber, dass dies so aussah, als fuhr in ihn ein ihm unbekanntes, höheres Wesen. Ariane bestätigte mir diese Aussage. Nur, nach seinen Vorträgen war er durch dieses Wesen dermaßen erschöpft, dass meistens zwei Soldaten ihn stützen mussten. Man muss bedenken, welche enorme Kraft und Gewalt so ein Gegengenius hat. Das kann normalerweise nur ein geschulter Zauberer vollbringen. Der Führer wurde dadurch besessen, er verhielt sich dann so, wie es sein Gegengenius tat. Nur so konnte er einen extremen Einfluss auf das deutsche Volk ausüben. Nur so konnte er die Massen bewegen, seinen Willen auszuführen, sie zu faszinieren. Wie sonst?

Hitler zog sich immer zurück, wenn er Pläne schmiedete, weil der Dämon mit ihm intuitiv Kontakt aufnehmen wollte, um ihm zu sagen, was er tun muss. Er tat es, denn er fühlte sich durch diese Zusammenarbeit mächtig, ja mehr größenwahnsinnig. *„Ich habe die Überzeugung, dass mir gar nichts zustößt, weil ich daran glaube, dass die Vorsehung mich für meine Arbeit bestimmt hat",* war ein Zitat vom Führer. Das bewirkte das Wesen. Jedoch vor seiner Machtübernahme verlor er schon seine Menschlichkeit und sank zum Dämon herab. Seine Charaktereigenschaften wurden zu stark dämonisch, dass er keinen Antrieb mehr verspürte, die Menschlichkeit jemals wieder zu erlangen. Es gibt viele Bilder, auf denen er einen nicht menschlichen, dämonischen Ausdruck in den Augen hatte. Das war sein wahres Wesen. Dazu machte ihn der Dämon, der von sich aus nur durch seine negative Schwingung seinen Einfluss auf diesen Mann ausübte. Hitler wusste, was da mit ihm passierte, ließ es über sich ergehen, denn er hatte dadurch große Macht über das deutsche Volk. Er wollte zum Allein-Herrscher des Erdplaneten werden und bezeichnet sich selbst als den kommenden Herrn der Welt.

Sein Jugendfreund Kubizek berichtet von einem ekstatischen Zustand Hitlers, völlig entrückt, so als ob ein völlig **anderes Wesen** aus ihm spricht. Nicht nur Stimme und Gesichtsausdruck waren an ihm verändert, auch der Inhalt der Worte kamen ihm verändert vor, denn er sprach nicht mehr davon, dass er Künstler werden wollte, sondern er wollte Volkstribun werden. Eine Mission hatte er zu erfüllen, dessen Inhalt im noch zuteilwerden würde.

Aufgrund des Schutzes durch seinen Dämon bot Hitler bei seinen pompösen Großkundgebungen immer ein leichtes Ziel, leicht zu erreichen für jeden Attentäter. Er sagte: *„Ich weiß, dass ich nicht sterben werde, bevor die historische Aufgabe erfüllt ist, für die mich die Vorsehung bestimmt hat. Niemals werde ich durch fremde Hand sterben."* Dies teilte ihm sein Wesen mit und er verließ sich auf den Genius.

Es wurden mit Sprengstoff vollgepumpte Schnapsflaschen in die Führermaschine gebracht, um ihn in die Luft zu sprengen. Ein Sonderzug ist bewusst explodiert, ohne ihn zu treffen; Sprengstoffattentate wurden verhindert oder die Bomben gingen nicht in die Luft; selbst die Attentäter nahmen ihren eigenen Tod in Kauf, nur um ihn zu vernichten. Es brachte dennoch nichts! Mit einem Scharfschützengewehr wollte man ihn erschießen, dann schoss man aus zwei Meter Entfernung daneben; er wurde vergiftet, spürte aber nichts, mehrere hohe Offiziere wollten ihn bei Tisch erschießen, damit das Odium des Führermordes nicht an einem haften bleibt. Sein Jagdflugzeug sollte abgeschossen werden, mit einem Küchenmesser wollte man ihn erstechen, er sollte mit einem gesamten Reitregiment niedergeritten werden. Auch v. Stauffenberg sprengte ihn im Führerbunker in die Luft, denn er ließ im Radio die Nachricht von seiner Ermordung verbreiten. Jedoch starb wieder ein Doppelgänger von ihm. Hitler wurde dadurch zwar mehrmals getötet, aber immer nur seine Doubles. Hitler kam jedes Mal ohne Schaden davon. Der sogenannte Zufall, den wir Hermetiker bei dem Führer Dämonengottheit nennen, war immer sein bester Leibgardist, genauso wie es Bardon in der Evokation im Kapitel „Vor und Nachteile der Beschwörungsmagie" beschreibt. Hitler überlebte nicht wegen der Unfähigkeit seiner Attentäter, sondern wegen einer ununterbrochenen Folge von Unwahrscheinlichkeiten. Es sind 42 belegte Attentate auf ihn verzeichnet, die W. Berthold in „Die 42 Attentate auf Adolf Hitler" eingehend beschrieben hat. Es gab aber wahrscheinlich noch viel mehr.

Rückblickend auf sein bisher Geleistetes sagte er: *„Das ist nicht Menschenwerk allein gewesen",* und hat damit vollkommen recht, denn dies ist eine Anspielung auf den Gegengenius. Aus diesem Grund vergleicht Hitler den Hass als bleibendes, unabänderliches, nicht zu erschütterndes Element mit dem Stahl. Für ihn ist der Hass Ausdruck menschlicher

Leidenschaft, welche über jede wissenschaftliche Erkenntnis steht.

Im 1. Weltkrieg ging er nie an der Front saufen, nie ins Bordell oder anderen Vergnügungen nach. Er lag still und stumm auf seinem Feldbett und praktizierte Luftschlösserbauen, d. h. er träumte sich in eine fiktive Welt hinein. Zeit hatte er ja genügend. Im Kampf kannte er keine Nerven, keine Furcht. Das war ihm alles unbekannt, da er von dem Dämon geleitet wurde.

Ein Frontsoldat berichtet: *„Unglaublich, wie ein Wunder mag es klingen; so viele Male mich Hitler zum Weiterspringen auftrieb, bohrte sich unmittelbar darauf ein zischendes Geschoss in dieselbe Stelle, von der wir so eben geflohen waren. Meine Nerven versagten. Liegen bleiben wollte ich, wo ich war. Hoffnungslos versank ich in eine unerträgliche Apathie. Da sprach Hitler mir gütig zu, gab mir Worte der Ermunterung, sagte, dass dereinst all unser Heldentum von der Heimat tausendfach gelohnt würde. So richtete mich mein Kamerad in der Stunde des Verlorenseins wieder auf. Mit dem Gegenbefehl kehrten wir nach Stunden denn auch heil wieder zurück.“*

Hitler blieb bei allen Kämpfen unverletzt, bekam den Titel „der Unverwundbare". Hitler kämpfte bei 48 Schlachten mit, hat viereinhalb Jahre schwerste Gefecht überstanden, in denen die Überlebenschance unter 10% war. *„Je länger sich der Krieg hinzog, desto sensationeller wurde Hitlers Überleben"*, sagt Reinbeck in „Die Maske des Feldherrn".

Seine Frontvorahnungen machten einen unheimlichen Eindruck. Seiner frühen inneren dämonischen Stimme folgend sprang er ein paar Meter weiter weg und im nächsten Augenblick schlug eine Granate ein und tötete die Zurückgebliebenen.

Nun folgt ein düsteres Front-Gedicht, welches Hitler untergeschoben wurde. Ariane sagte, dass dies viel eher aus dem Kopf des Gegengenius kam.

„Ich gehe manches Mal in rauen Nächten
Zur Wotaneiche in den stillen Hain
Mit dunklen Mächten einen Bund zu Flechten
Die Runen zaubert mir der Mondenschein
Und alle die am Tage sich erfrechten
Sie werden von der Zauberformel klein
Sie ziehen blank – doch statt den Strauß zu flechten,
Erstarren sie zu Stalagmitengestein.

So scheide ich die Falschen von den Echten
Ich greife in das Fibelnest hinein
Und gebe dann den Guten und Gerechten
Mit meiner Formel Segen und Gedeih´n"

Als Hitler 1919 aus dem Krieg zurückkam, hatte er eine Art Satori-Erlebnis, eine plötzliche Erleuchtung, die ihn als größenwahnsinnigen Führer und Prophet zu höchsten Höhen führen sollte. Das rührte daher, dass er seine Kriegserblindung als einen Erweckungsmythos deutete. Er war der Meinung, dass ihm dadurch eine Mission näher gebracht wurde und ihn die Vorsehung dazu berufen hätte. Doch das war kein Einzelfall, denn viele wurden durch das Gas vorübergehend blind und erlangten nach einiger Zeit auch wieder ihre volle Sehkraft. Aber dieses Erlebnis steigert seinen Wahn ins Unendliche.

Auch C.G. Jung war der Meinung, dass etwas Bedrohliches, ja etwas katastrophales 1919 in der Luft lag. Hitler trat auf die Bühne und dies mit Augen, die Seinesgleichen suchten. Er hatte einen faszinierenden Blick, er zwang die Massen in die Knie mit seinen, durch den Gegengenius mit Lebenskraft geladenen Augen und mithilfe seiner von ihm manipulierten Ausstrahlung. Er hatte dadurch die Oberhand über das Fußvolk. Er war gottgleich.

„Ich habe Hitler nicht mehr wiedererkannt. Es war ein unbekanntes Feuer, das in ihm brannte. Der Mann schrie, führte sich auf; ich habe so etwas noch nie gesehen. Ihm ist das Wasser herunter geronnen, er war ganz nass, es ist ganz unglaublich", sagte sein ehemaliger Vorgesetzter im Felde. Auch die Wirkung seiner Worte war nicht alltäglich. Er war ein perfekter Schauspieler, der seine Rolle glänzend beherrschte. Er sprach intuitiv-missionarisch und traf damit in den Kern der Menschen. Er ist als Führer Künstler geblieben, nur seine Leinwand war nun die Masse, die er dann dirigierte.

„Wie Hitler war Wittgenstein berühmt für sein Charisma; zumal für den starren Ausdruck seiner Augen. Er vermochte nicht nur seine Studenten fast zu hypnotisieren. Selbst renommierte Professoren gerieten in seinen Bann; auch dann, wenn sie seine Gedanken nicht verstanden oder ablehnten. Carnap verglich ihn mit einem biblischen Propheten oder Seher. Keynes schrieb zu einer Ankunft Wittgensteins am Bahnhof von Cambridge im Ernst der Ironie: „Gott ist angekommen. Ich traf ihn im Fünf-Uhr-Fünfzehn-Zug". Und Schlicks Frau berichtete über das Empfinden ihres

Mannes, als dieser sich aufmachte, Wittgenstein persönlich kennenzulernen: „Es war, als würde er sich auf eine Wallfahrt begeben, und er erklärte mir voll Ehrfurcht, Wittgenstein sei eines der größten Genies." (Strohm).

Mehrfach erwähnt Hitler in seinen Reden des Jahres 1923 sein Vorbild des Führertypus, nämlich den römischen Diktator Lucius Cornelius Sulla. Nach dem Urteil des Historikers Helmut Berve ist Sulla ein unheimlicher Mann ohne menschliche Regungen, der sich *„als Werkzeug eines höheren, mitleidlosen Willens"* fühlt, ein ethischer Nihilist, *„grausam, von maßloser Rachsucht und einer zynischen, schaudererregenden Kälte des Herzens"*, höchstens punktuell zu sentimentaler Weichheit fähig wie so manche Gewaltnaturen. Eine Perversion Hitlers ohne Gleichen.

Hitler verglich sich selbst in privatem Kreise mit Christus, der das Gesindel aus dem Tempel vertrieb. Sein Charakter war ausschlaggebend für seine Mission. Er war berechnend, listig, verschlagen, unaufrichtig, heuchlerisch, ein blendender Täuscher, von diabolischer Gerissenheit, hinterhältig, verlogen, all dies brauchte er, um seinen Auftrag gerecht zu werden. Seine einzige Leidenschaft war die Zerstörung. Adolf Hitler beruft sich immer und immer wieder in seinen Reden auf die göttliche Vorsehung, welche ihm den Auftrag, die Schaffung des Übermenschens, erteilte, zur Beschleunigung der Entwicklung. Er sah sich selbst als Schöpfer einer neuen Welt, als Meister und Erlöser. Für Goebbels war er ein vom „Himmel Gefallener". Eine Anspielung auf seine komplett überdrehte Verehrung oder eine Verherrlichung des Falles von Luzifer!

Er nahm auch nur das wahr, was er für sich und seine Aufgabe gebrauchen konnte. Alles andere war für ihn uninteressant. Die Wagneroper „Der Rimg des Nibelungen" versetzte ihn in einen ekstatischen Zustand außerhalb seiner selbst genauso wie bei seinen Reden. Etwas Dämonisches brach über ihn herein, alles um sich konnte er dann vergessen, es gab für ihn dann keinen Schlaf, keine Müdigkeit, berichtet Kubizek.

Alle, die mit ihm lange zusammenarbeiten, wurden durch ihn ausgesprochen hörig (vgl. der Satan, den Verführer). Andererseits hatten alle lähmende Angst vor seinen dämonischen Wutanfällen. Als ich meine Mutter fragte, wieso keiner seiner Offiziere ihn bei einer Besprechung mit ihren Offiziersdolchen, welchen sie immer mit sich führten, zwischen die Rippen gestoßen haben, bekam ich folgende Antwort:

„Die hatten alle eine Heidenangst vor ihm."

„Vor dem kleinen Mann?"

„Ja, denn seine Tobsuchtsanfälle waren gefürchtet."

„Wieso denn das?"

Doch darauf wusste meine Mutter keine Antwort. Mittlerweile weiß ich es. Wenn ein Mensch mit einem mächtigen Dämon in Verbindung ist, so untersteht er diesem auf Gedeih und Verderb und wird von ihm beeinflusst und dadurch erhöht sich sein Hass ins Unermessliche. Wenn diese dann schreien oder schimpfen, kommt ihr Hass zur vollen Geltung und nur das existiert dann. Alles andere wird vernichtet. Seine Wutanfälle waren aus diesem Grund legendär.

Des Weiteren stand Hitler nachweislich auf den Nürnberger Parteitagen 4. bis 5. Stunden mit durchgedrückten Knien, starr aufgerichtet, mit unbeweglichem Gesicht und gab die Sieg-Heil-Geste mit der rechten ausgestreckten Hand. Die Ka-Rune, die ihm Kraft gab! Für den gewöhnlichen Menschen so gut wie undurchführbar. Dazu hatte er keine Stütze oder andere Hilfen, außer seine geistige Wesenheit.

Hanfstaengl, ein Freund Hitlers, war überzeugt, dass aufgrund seines seltsamen Verhaltens niemand jemals mit letzter Sicherheit erfahren hat, wie es um ihn wirklich bestellt war. Er schreibt ebenso über Hitler beispiellose Fähigkeit, Geheimnisse konsequent zu wahren, d. h. niemand erfuhr mehr, als er in einer bestimmten Situation unbedingt erfahren musste und niemand war dabei ausgenommen, nicht einmal Eva Braun. Keiner kennt ihn aus diesem Grunde wirklich. Er benutzte alle für seine Auftritte und seinen Auftrag. Er hatte nichts geleistet, er benutzte nur alles was er fand in seinem Namen. Menschliches, allzu Menschliches existiert bei ihm nicht. Von einer Ch. Schroeder weiß man zu berichten, sie war der Meinung, es sei unmöglich gewesen, das wahre Gesicht von Adolf Hitler aufzudecken, weil er derer so viele hatte. Er habe die „Meisterschaft im Heucheln" erlangt.

Außerdem wird behauptet, dass Hitlers Bewegung den deutschen Staat und ihn selbst zum Herren der Erde machen werde. Dies erinnert mich irgendwie sehr stark an den Vergleich mit dem Imperator aus *Krieg der Sterne*, welcher bestätigt wird durch ein Zitat: *„Ich kann dem Volke seinen Gott nur nehmen, wenn ich ihm etwas Vollwertiges dafür geben kann."* – Ihn selbst.

Hitler plante, wenn Deutschland Europa besäße, werde Europa die ganze Welt beherrschen. Und der Weltherrscher sei Adolf Hitler. Nur, mit kriegerischen Mitteln war dieses Ziel nicht zu erreichen. Hitler hatte sogar Pläne gezeichnet, die Europa und Russland – bis tief in die Mongolei – mit

Straßen verbanden. Ein Zitat Hitlers belegt diese Aussage: *„Das Gerümpel von kleinen Staaten, die heute noch in Europa bestehen, muss liquidiert werden. Unser Ziel ist die Schaffung eines vereinten Europas."*

Viele Zitate Hitlers erinnern an die Philosophie Satans, könnte man behaupten. Aber er dokumentiert damit bloß seine Unmenschlichkeit in dem er gesagt hat: *„Ich bringe alle Menschen zu Gott zurück, aber mit Gewalt".* Oder: *„Meine Pädagogik ist hart. Das Schwache muss weggehämmert werden. In meinen Ordensburgen wird eine Jugend heranwachsen, vor der sich die Welt erschrecken wird. Eine gewalttätige, herrische, unerschrockene, grausame Jugend will ich. Schmerzen muss sie ertragen. Es darf nichts Schwaches und Zärtliches an ihr sein. Das freie herrliche Raubtier muss erst wieder aus ihren Augen blitzen."* – Hitler dagegen hatte aber selber furchtbare Angst vor Schmerzen und ließ sich immer übermäßig betäuben, wenn er zum Zahnarzt musste. Er war das Gegenteil von seiner Jugend!

Ein anderer Spruch Hitlers sagt aus, aus welchem Grunde Kriege ins Leben gerufen werden: *„Kriege werden nicht gefochten, um Nationen zu besiegen, sondern um einen Zustand hervor zurufen."* – Intuitiv trifft er damit ins Schwarze.

Menschen, die Einfluss auf die Politik ausüben, sind wenn überhaupt, meistens nur Hintermänner, Berater von hohen Politikern, auf die sie mit ihren magischen Fähigkeiten, z. B. durch Bewusstseinsversetzung und damit Beeinflussung des Geistes durch ihren übergeordneten Willen, auf sie einwirken können. Dass es solch eine Möglichkeit gibt, besagt ein Aufsatz in der okkulten Zeitschrift „Der eigene Weg" von F. B. Marby. Es gibt auch Situationen, in denen sie viele bekannte Leute kennen müssen, auf die sie ihren Einfluss geltend machen, welche diesen an andere Personen weiterleiten. Mein Freund Anion begründete diese Aussage damit, dass Politiker in hohen Ämtern sehr viel Zeit in ihren Beruf stecken, oft stundenlange Verhandlungen führen, bis tief in die Nacht hinein. Sie hätten dann nicht einmal Zeit, sich fünf Minuten zurückzuziehen.

Alles wird sinngemäß aus dem Geistigen heraus bestimmt, das heißt, dass nicht er nach seinem Tod den Rassenhass und Nationalstolz weiterhin beflügelte, sondern der Genius, der im Astralen arbeitet, unerkannt und im Geheimen. Deshalb wird über Hitler viel gesprochen, er ist in jedem Kopf, keiner vergisst ihn. Noch mehr wollen ihn wieder zurückhaben und unzählige Bücher wurden über ihn geschrieben. Diese Ursachen setzte das Wesen magisch ins Akasha, in die Welt der Ursachen, damit seine Ideen erhalten bleiben!

Dr. Lomer, der ein wahrer Ariosoph und Okkultist war, kritisierte die Form und die Farbe der deutschen Nazifahne, der Hakenkreuzfahne. Er sagt, um das Zeichen des Hakenkreuzes seine eigentliche Würde zu verleihen, müsste es Golden sein auf blauem Hintergrund. Denn dies verkörpert die Sonne und stellt den arisch-germanischen Gottmenschen dar. Schwarz auf rotem Hintergrund sind die Farben des negativen Kriegsplaneten Mars und das ist kein menschlich-göttliches Symbol.

Ich möchte nun noch einen Artikel aus einer okkulten Zeitschrift „Die andere Welt" zitieren, die mir in die Hände fiel. Es ist eine außerordentlich gute Geschichte über Hitler, die die obige Aussage von Ariane unterstützt, dass er mit einem Dämon zusammengearbeitet hätte. Der Artikel lautet: Hermann Medinger (Wien):

Wir sahen Hitlers Dämon:

„Endlich nahte die von vielen Österreichern so heiß ersehnte Stunde des Hitlereinmarsches, die das Ende der allgemeinen Stagnation bringen sollte.

Ich war an jenem Märztage, als der Führer in Wien seinen Einzug hielt, Gast einer Familie, die eine Wohnung am Wiener Opernring innehatte, von der aus wir das ganze Bild überblicken konnten. Wir waren eine kleine Gesellschaft, bestehend aus Großindustriellen, Künstlern und Rechtsanwälten samt ihren Damen, dazu ich mit meiner Frau. Eine reichhaltige Jause mit vielen Weinen und einem erlesenen Buffet verkürzten uns die Wartezeit.

Plötzlich hörten wir von der Ringstraße lautes, begeisterndes Schreien und sahen, als wir unsere Fensterplätze einnahmen, in seinem Auto stehend, Adolf Hitler, wie einen gottgesandten Mann unter den Klängen des Gralsmotives von Richard Wagners „Lohengrin" an uns vorübergleiten. Die Menschen gebärdeten sich wie die Wahnsinnigen. Weinen, schreien, Frauen fielen in hysterische Krämpfe, Kinder verliefen sich und irrten greinend umher. Mit einem Wort: Es war das typische Bild einer Massenbewegung, wie sie beim Auftreten falscher Propheten immer wieder ausgelöst wird.

Auch unsere Gesellschaft im vornehmen Salon bemächtigte sich einer mehr als gehobene Stimmung. Alles starrte winkend zum Fenster hinaus und unvermittelt musste ich wieder an Sauter´s Worte denken: „Verkaufs, mei

G´wand."

Da übertönte der harte Knall eines zerbrochenen Glases im Zimmer den ganzen Hexensabbat auf der Straße. Als wir uns umwandten, sahen wir meine Frau zitternd beim Tisch stehen. Das Weinglas, das sie eben noch bei der allgemeinen Zutrinkerei in der Hand gehalten hatte, war ihr entfallen und klirrend am Boden zersplittert. Angstverstört blickte sie nach dem Fenster und folgende schwerwiegende Worte entrangen sich ihrem Mund: „Wozu freut ihr euch, ihr habt alle wahrscheinlich keinen Grund dafür. Hitler wird uns großes Unheil bringen. Er ist von Dämonen besessen."

Allgemeine Bestürzung und Empörung. Da blickte ich nochmals nach dem Führer und sah ihn tatsächlich von Dämonen umflattert. Es machte den Eindruck, als ob schwarze Fetzen, gleich Fledermäusen, um ihn herum wären. Noch eine Dame der Gesellschaft beobachtete diese Erscheinung und bestätigte meine Wahrnehmung. Alle anderen aber sahen durch eine rosa-rote Brille, die ihnen nur allzu bald zerbrechen sollte."

Wie man weiß, sah Hitler in jungen Jahren wie ein `Milchbubi´ aus, versagte in der Schule völlig – und dennoch dieser Aufstieg. Seine Reden waren keine Reden eines Menschen. Hitlers ehemaliger Zeichenlehrer Otto Abetz sagte, dass Hitler eine Mischung zwischen Jeanne d´Arc und Charlie Chaplin war. Ebenso wie die Heilige hörte er Stimmen und dann konnte er Großes vollbringen. Er sprach immer wieder von der Vorsehung, die ihn beauftragt habe, das Strafgericht über die Menschheit zu bringen. Welch ein Wahn."

Doch, wie von Hitler bekannt ist, war er am Ende seines Lebens nur noch ein Nervenbündel, obwohl er mit einem hohen Wesen in Kontakt stand. Besser gesagt, weil er mit einem Dämon in Verbindung war, wurde er von dessen Ausstrahlung krank an Körper und Seele, denn er konnte ja keine Schulung vorweisen. Ganz schlimm erging es ihm, als ihn der Gegengenius verließ! Seine Ängste schlugen in Panik und Selbstmordabsichten um! Somit war er, auf Dauer gesehen, nicht mehr in der Lage, der kosmischen Schwingung – wie es Bardon in seinem 2. Werk „Die Praxis der magischen Evokation" schreibt – standzuhalten. Es gibt eine Szene, in der man sieht, dass Hitlers Hand nicht ruhig liegt, sondern wie eine Fahne im Wind wackelt. So nervenkrank war er. Durch den dauernden Kontakt mit dem Dämon wurden seine Elemente verschoben, sodass man dies nur durch schwere Medikamente ausgleichen konnte. Er litt an Parkinson und beginnender Demenz. Er musste mit Spritzen aufgebaut werden. Manche nehmen an, dass er sogar Kokain bekommen hat.

Ein weiterer Grund liegt darin, dass ihm Franz Bardon Steine in den Weg legte, wo er nur konnte. Arion durfte ihn aus karmischen Gründen nicht töten, konnte ihm aber nervlich sehr zusetzen.

Im Roman „Frabato" steht zwar geschrieben, dass der Dresdner Großmeister der FOGC an eine hohe Regierungspersönlichkeit schrieb, um Bardon mit allen konventionellen Mitteln zu vernichten. Jedoch war diese Person nicht Adolf Hitler, sondern ein anders einflussreiches Mitglied der Templer.

Ein fragwürdiges Zitat von Hitler-Biografen Rausching berichtet: *„Er habe Zustände, die an Verfolgungswahn und dissoziativer Identitätsstörung nahe heranreichen. Er wacht oft des Nachts auf. Er wandert ruhelos umher. Dann muss Licht um ihn sein. Neuerdings lässt er sich dann junge Leute kommen, die die Stunden eines offenbaren Grauens mit ihm teilen müssen. Zu Zeiten müssen diese Zustände einen bösartigen Charakter angenommen haben. Mir hat jemand berichtet: Er wache des Nachts mit Schreikrämpfen auf. Er schrie um Hilfe. Auf seiner Bettkante sitzend könnte er sich nicht rühren. Die Furcht schüttle ihn, sodass das ganze Bett vibriere. Er stoße völlig unverständliche Worte hervor. Er keuche, als glaube er, ersticken zu müssen. Taumelnd habe er im Zimmer gestanden, irr um sich blickend. „Er. Er, er ist hier gewesen," habe er gekeucht. Die Lippen seien blau gewesen. Der Schweiß habe nur so an ihm herunter getropft. Plötzlich habe er Zahlen vor sich hergesagt. Ganz sinnlos. Einzelne Worte und Satzbrocken. Es habe schauderlich geklungen. Merkwürdig zusammen- gesetzte Wortbildungen habe er gebraucht, ganz fremdartig. Dann habe er wieder ganz stillgestanden und die Lippen bewegt. Man habe ihn abgerieben, habe ihm etwas zu trinken eingeflößt. Dann habe er plötzlich losgebrüllt: „Da, da. In der Ecke. Wer steht da?" Er habe aufgestampft, habe geschrien, wie das an ihm gewohnt sei. Man habe ihm gezeigt, dass das nichts Ungewöhnliches sei und dann habe er sich allmählich beruhigt. Viele Stunden habe er danach geschlafen. Und dann sei es für eine Zeit wieder erträglich mit ihm gewesen."* – Das entspricht alles Wahrheit, denn das war wiederum Franz Bardon, und auch der Genius, der ihm schreckliche Albträume und Halluzinationen schickte.

7. Arische Philosophie:

Vorab möchte ich noch erwähnen, dass für sämtliches ariosophisches Gedankengut, d. h. für Orden, Riten und Übungen der Ursprung bei Meister Arion liegt. Warum das so ist, das liegt in seinem Namen begründet: Arion – Ario – sophie, was so viel heißt wie Edelsein, Weisheit des Lichts!

Die Legende der Arier schreibt ihnen das Edelsein zu. Sie verherrlichen ihre Rasse. Sie fühlen sich als Herrn der Menschheit, als Herrscher über alles, über Mensch und Getier. Ja, sie setzten sich zur Rechten neben der Gottheit. Aber nicht im negativen Sinne, sondern rein mittig und edel. Ihre Haare sind blond wie die Sonne am Mittag. Die blauen Augen unterstehen der Astralebene, welche die Zahl 10 darstellt. 10 ist die vollkommene Zahl. Die Rasse der Arier stammt ursprünglich von der atlantischen Rasse ab. Sie sind deren direkte Nachkommen und haben die Mission, das Magnum Opus, ihre hohe Weisheit anderen zu übermitteln, aber nicht mit Gewalt, sondern mit Liebe und Einsicht. Die deutsche, arische Rasse, der Germane, hat sogar ausländischen Autoren nach, die Aufgabe, die heilige Mission, die Welt im guten Sinne zu regieren und zu veredeln.

Selbst die im christlichen Sinne verstandene Dreifaltigkeit wird von der arischen Philosophie angewandt, nur steht diese mit ihren Namen gleichzeitig für die drei Ebenen und Körper:

Gott Wotan – das Mentale – der Geist – Anfang
Gott Höndir – das Astrale – die Seele – Mitte
Gott Loki – das Stoffliche – der Körper – Ende

Auch Balder, der bei vielen wie Dr. Lomer mit Christus gleichgesetzt wird, ist der Bruder von Loki, der bildlich vom Künstler Fidus als Luzifer wiedergegeben wurde. Das soll veranschaulichen, dass das Hohe und das Niedere gemeinsam an der Entwicklung des Menschengeschlechtes arbeiten. Man kann das als Liebesbeziehung zweier unterschiedlicher Strömungen deuten. Die Inder würden das als Ehe zwischen Shiva und Shakti, die Chinesen als Einheit von Yin und Yang – Himmel und Erde klassifizieren! Das alles steht wiederum für Mikro- und Makrokosmos, für die kleinen und großen Arkanen. Somit steht die arische Religion für eine harmonisch ganzheitliche Entwicklung zu Gott, dem Vater der Schöpfung.

Alle drei obigen Gottheiten werden uns als *kunnige, rammer* und *roskr* vorgestellt, als klug, kraftvoll und kühn! Das kommt den drei Farben der Ebenen gleich – blau, weiß und golden. Golden, die Farbe der Sonne, weist schon auf den Sonnenkult hin, den die Germanen pflegten. Sie galt als Lebensspenderin, als Förderin der Fruchtbarkeit und des Heils und der Heilung. Die Sonne wurde bildlich als Speichenrad, als Sonnenrad, dargestellt, entweder mit sechs oder acht Speichen, je nach Idee, mit der man arbeiten wollte. Diese Sonnengottheit verschmolz mit dem Jupiter der Römer, dessen britannischer Name der *Schön-Leuchtende* bedeutet. Die ursprüngliche Idee des Sonnenwagens und des Sonnenpferdes vertiefen noch diese Anschauung, die wiederum mit dem griechischen Gott Apollo gleichkommt.

Bis hierher wäre diese Form der Ideologie noch legitim. Aber die Gnostiker, die die universellen Gesetze für ihre egoistisch-persönlichen Zwecke missbrauchen, nehmen diese göttlichen Gesetze, verdrehen sie und nutzen sie zu ihren eigenen niederträchtigen Gunsten. Für sie steht einzig und allein das linksdrehende Sonnenrad, das Hakenkreuz als Symbol des Herrn der Erde im Mittelpunkt, mit dem sie sich verbinden. Auch der Spruch über dem KZ „Arbeit macht frei" ist geistig gesehen richtig, aber materiell, wie Hitler ihn benutzte, total falsch. Sie wollen Gott sein und stellen sich sogar über ihn und verbreiten ihre Philosophie mit Gewalt und Tyrannei. Der amerikanische Imperialismus meint, eine Botschaft zu haben, für Fortschritt und Demokratie, in seinem Sinne und seiner Ansicht von Freiheit. Auch wenn das die betroffenen Völker gar nicht wollen. Gewisse Logen betrachten Saturn, welcher gleichzusetzen ist mit Satan, als den großen Erzieher der Menschheit, als den Wächter oder Hüter an der Schwelle, an der man sich bewähren muss. So ist auch deren ideologische Einstellung. Es ist dann kein Wunder, dass durch den Verführer eine ins irdisch verdrehte Philosophie zustande kommt.

8. Ariosophische Orden:

Die folgenden okkulten Orden schossen im 20. Jahrhundert wie Pilze aus dem Boden, waren aber im hermetischen Sinne völlig unbedeutend, bis auf die Vereinigungen vom Lomer und Marby. Ich gebe dazu nur kurze Bemerkungen:

Die Guido von List-Gesellschaft

wurde in Wien von List gegründet. Hatte als Mitglieder Adelige, Großindustrielle, Geschäftsmänner usw. Dieser Orden war es, der den „Sieg Heil" Gruß ins Leben rief. Hitler kopierte in einfach, wie so vieles. Der Ordensgründer brachte eine ganze Reihe von ariosophischen Büchern heraus.

ONT – Ordo Novi Templi

Dieser Orden wurde von Lanz von Liebenfels ins Leben gerufen. Er war Zisterziensermönch, wodurch er bereits eine geistige Vorschulung genoss. Sein Orden soll eine Neugründung des Templerordens darstellen. Er brachte die Zeitschrift *Ostara* heraus, die unter anderem Themen zur Sexualzauberei beinhaltet. Seine Mitglieder waren Großindustrielle. Sein Sitz war in Österreich. Er war ein eifriger Schriftsteller, der unzählige Werke verfasste. Über Sexualzauberei schreibt er in „Ostara". Heft 43: „Einführung in die Sexual-Physik oder die Liebe als odische Energie". Darin beschreibt er, dass alles, was mit dem Trieb zusammenhängt, von Od, von der Lebenskraft ausgeht. Auch die Anziehung zweier Menschen ist von gegensätzlichen Odströmen, plus – elektrisch und minus – magnetisch abhängig. Des Weiteren steht in seiner Zeitschrift geschrieben, dass das Sexualod fernwirkend ist, was so viel bedeutet, dass sich Mann und Frau immer gegenseitig sexuell anziehen und dies auch auf Entfernung. Wenn man jetzt analog denkt, dann weiß man, dass man außerhalb seiner Umgebung mit diesen Kräften arbeiten kann.

Germanenorden:

Gegründet von Pohl und Fritsch in Leipzig. Praktizierten angeblich Runenmagie, waren aber gleichzeitig antisemitisch, das heißt, sie hassten Juden. Deren Gesinnung war rein negativ!

Germanen Orden Walvater:

Sie praktizierten die Allvater-Woutan Anbetung. Brachten die Zeitschriften „Runen" und „Runenforscher" heraus.

Wehrmanngesellschaft:

Brachte die ariosphische Zeitschrift „Wehrmann" heraus.

Bund der Guoten:

Dieser Orden ist nur über die Zeitschrift „Der Femstern" bekannt. Herausgeber war H. H. Schirmer.

Thule – Gesellschaft:

Die okkulten Momente brachte Sebottendorf hinein, indem er Vorträge über Astrologie, Pendeln usw. hielt. Diese Gesellschaft soll mit dem Germanenorden in Verbindung gestanden haben. Auch sein Werk über „Die Praxis der alten türkischen Freimaurerei" gibt Einblick in das magische Denken des ariosophischen Orden. Er war der Auffangorden von dem viel mächtigeren nordischen Thule-Orden.

Edda-Gesellschaft:

Gründer war der Runenforscher Gorsleben, der einige bekannte Werke schrieb. Marby sagte über ihn, dass er seine Werke kopiert habe. Da er bereits verstarb, war er somit nur einer unter zahlreichen Kopisten. Er brachte jedoch die Zeitschriften „Hag All" und „Arische Freiheit" heraus, die sich sehen lassen konnten.

Bund der arisch Unsichtbaren:

Dieser Bund wurde von S. A. Kummer gegründet, der die Runenwerke „Heilige Runenmacht" und „Runenmagie", welche beide sehr symbolisch gehalten waren, veröffentlichte. Kummer brachte noch die Zeitschriften „Walhall" und „Runa", welches das Organ der gleichnamigen Runenschule war, heraus. Des Weiteren „Runen raunen", in welcher unzählige Berichte von Runenübenden beschrieben werden, aber laut Dr. Lomer nicht immer der Wahrheit entsprachen. Man darf auch nicht vergessen, dass Kummer aufgrund der Gefährlichkeit der Runen seinen Verstand verlor.

ist eine hermetische orientierte Gesellschaft vom Druiden S. B. Marby gegründet. Er war der Einzige unter den Ariosophen, der den wahren Weg zur Mitte zeigte. Seine Zeitschriften „Der eigene Weg" und „Forschung und Erfahrung" brachten hermetische Artikel. Marby wurde von Hitler ins Gefängnis geworfen, in die sogenannte Sicherheitshaft, weil er wusste, dass Marby über quabbalistische Fähigkeiten verfügte. Er veröffentlichte einen hermetischen Runenweg, die 8 Bände seiner Runenbücherei. An dem Schreiben weiterer Bücher wurde er vom Naziregime gehindert. Er bekam ein Schreibverbot. Er sagte immer und immer wieder, dass das Nazi-Regime **nichts** mit der arischen Bewegung zu tun hat. Er schreibt selber, dass man bei seinen Werken immer zwischen den Zeilen lesen muss, um auf die Wahrheit zu kommen.

Dr. Lomer war auch Ariosoph, aber er gründete keinen eigentlichen Orden, sondern eine geistige Gemeinschaft, die seiner Zeitschrift „Asgard" nach am Sonntag zwischen 11-12 Uhr eine Sonnenübung praktizieren sollten.

Dann gab es noch weitere Orden wie „Wotan-Loge", „Hammerbund", „Deutschgläubige Gemeinschaft", „Deutsche(r) Schafferbund", „Die freien Gemeinden vom deutschen Leben", „Weimarer Kartell", „Midgardbund" und „Jungborn", „Germanenring", „Deutsche Schwesternschaft", „Orden der Gottsucher", „Heimatreligion", „Deutsche Gotteskirche", „Sumero-skytischgermanische Nationalreligion des Gottesmenschen Ea", „Nordungen", „Skalden-Orden", „Loge Asenburg zu den sieben Ringen", „All-Arier-Bund" und „Ostara-Kreis", die „Thule-Gesellschaft" mit ihren verschiedenen „Ringen" (Verzweigungen), „Deutschvölkische Burschen-schaft Germania" und die „Deutsche Bürgervereinigung", „Urda-Bund" und „Asgard".

9. Der nordische Thule-Orden:

Der Orden, dessen Namen ich nicht Dunkeln lassen möchte, hat nichts mit der FOGC zu tun. Er nennt sich Thule-Orden und hängt mit der Thule-Meisterschaft, mit der Beherrschung des Schöpferwortes im engsten Sinne zusammen. Er hat nordische Ausrichtung und ist mächtiger als die 99er, da jedes Mitglied einen Meistergrad innehat, aber er ist genauso schwarzmagisch orientiert wie sie. Es gibt mehrere Logen in Deutschland. Jeder Gau vertritt eine! Viele solcher Logen existieren, man wird es nicht glauben, in Italien. Wieso das? Das hat seinen Grund darin, dass erstens die Grundmentalität der Italiener die Falschheit ist. Man brauche sich nur die linken Züge der Mafia oder Camorra ins Gedächtnis rufen. Zweitens sind die Italiener ein sehr religiöses Volk. Der Vatikan liegt mitten in Rom.

In einer Dokumentation über die Mafia wurde ein unter strengster Bewachung gestellter Staatsanwalt befragt, wie es sein kann, dass man die Mafia nicht zerschlagen kann. Darauf erwiderte er, dass sie sehr gut organisiert sei und dass sie durch politisch einflussreiche Gesellschaften wie zum Beispiel durch den Orden „Propaganda Due" – P2 geschützt sei. Daraufhin kam die Gegenfrage, ob, wenn man diese Vereinigungen kennt, sie nicht umso leichter zerschlagen kann? Der Staatsanwalt runzelte die Stirn und meinte, dass es Gesellschaften gibt, dazu zählt nicht die P2, die so geheim sind, dass nur ausgewählte Persönlichkeiten dort Zugang finden. Selbst das Geld oder der gesellschaftliche Stand helfen da nicht weiter. Kein normaler Sterblicher kommt da rein. Man braucht sich nur die in Italien politisch instabile Lage anzusehen. Wenn man weiß, dass verschiedene Logen ihren Einfluss auf verschiedene politische Parteien lenken und sich gegenseitig beeinflussen, ist es damit erklärlich.

Als ich das erste Mal von diesem Orden hörte, trafen sich einige meiner Freunde mit dem angeblichen Lieblingsschüler von Bardon Dr. M. K. in Prag. Ich selber wollte nicht mitfahren, als ich hörte, dass der Doktor keinerlei Auskunft über den magischen Weg von Bardon gibt. Er hilft keinen Schülern und da ich einen Lehrer hatte, wollte ich meine Zeit mit ihm nicht vergeuden. Als ich dann von meinem Innsbrucker Freund den Satz des Arztes hörte: „Wenn der Thule-Orden mir quer kommt, dann werde ich den gesamten Orden vernichten, denn magisch kämpfen kann ich. Das hat mir mein Meister schon gezeigt."

Mich wunderte, dass es den Orden überhaupt noch gibt, denn er ging offiziell unter im Wulst der Zeit. So die öffentliche Meinung, die aber meistens nicht stimmt. Ich musste, um auf Nummer sicher zugehen, meinen Freund Anion fragen, ob die Aussage von Dr. M.K. überhaupt richtig sei. Er berichtet mir dann Folgendes: „Es gibt ihn, aber er ist geheim und soll es auch bleiben. Es wurden nur die äußeren Auffangorden vernichtet. Der Eigentliche besteht noch. Der Orden wird strengstens von Dämonen überwacht und nur ein falsches Wort könnte den Kopf kosten. Er ist der materielle Gegenpol der geistigen Welt. Die Mitgliederzahl von 12

Meistern entspricht der einer geistigen Vereinigung. Das sind alles wahre Könner und beschäftigen sich rein mit Beschwörungsmagie."

Dass Bardons angeblicher Lieblingsschüler den Orden hätte auslöschen können, könnte wahr sein, denn der Geringste unter den „Brüdern des Lichts" ist in der Lage, sämtliche schwarzmagische Orden auf einen Schlag zu vernichten. Aber auch sie haben ihre Berechtigung und Aufgaben. Wenn die Hermetik aber die Oberhand gewinnt, dann lösen sie sich von alleine auf. Einem wahren Magier ist es möglich, dazwischen zu greifen und seinen Einfluss auszuüben, ohne dass er erkannt wird. Sie besitzen vom Prinzip her die gleichen magischen Rituale wie die 99er, nur ihre Aufnahmeriten sind nicht von den Freimaurern übernommen, sondern nordischen Ursprungs. Das ist auch der Grund, warum sie eine Art von dämonischer Runenmagie betreiben, da sie mit diesen Wesenheiten arbeiten. Selbst die Fraterintas Saturni vermittelte manch einem den Kontakt dazu, denn auch deren Ursprung liegt im hohen Norden.

Viele meinen, dass Freiherr von Sebottendorf, ein Adeliger, der Herr über die Elemente und die Fluide war, oder andere Freunde von A. Hitler Mitglied bei diesem Orden waren. Rudolf Hess, der im sichersten Gefängnis der Welt inhaftiert war, traute sich selbst nichts zu sagen, da er wusste, dass die dicksten Mauern ihn nicht schützen konnten. Viele meinen, dass sie ihre eigenen Leute bzw. Menschen bei Evokationen den Gegengenien opfern. So weit gehen sie, um ihre Macht durchzusetzen.

Über die eigentlichen Hintermänner der Thulegesellschaft, von denen die Schriften angeblich so viel Richtiges berichten, ist nichts bekannt. Darüber habe ich ausführlich in meinen Biografien geschrieben! Selbst der von der Deutschen Forschungsgemeinschaft (DFG) in Bad Godesberg und anderen Professoren verschiedener Universitäten unterstützte Dr. Hemberger hat in seinen Schriften über die unterschiedlichen Organisationen und Bünde den nordisch-arischen Logen nur 6 Seiten ohne großen Inhalt gewidmet.

10. Die falschen Propheten:

Erst als ich die 7 Bücher über die „Prophezeiungen" von Böckl gelesen hatte, entschloss ich mich, dieses Werk über die dritte Weltkatastrophe zu verfassen. In diesen Prophetenbüchern stand nämlich überall das Gleiche, was ich entweder irgendwo gehört oder bei einem anderen gelesen hatte.

Zum Teil stimmen die Aussagen Wort für Wort überein, so dass ich zur Meinung kam, dass man endlich mal unverblümt die Wahrheit über die falsche Wahrsagekunst darlegen sollte. Nach dem Lesen von „Buch 3" von Jan van Helsing, welcher sämtliche Weissagungen zusammengefasst hatte, was es zu diesem Thema gab, aber ohne zu denken, war ich mir 100 Prozent sicher, dies tun zu müssen.

Jedoch bevor ich darauf näher eingehe, möchte ich noch einiges bemerken. Es gab und gibt immer wieder Hellseher, die die genauesten Prophezeiungen abgaben und geben. Als Beispiel führe ich hier das Buch von Hans Bender „Kriegsprophezeiungen" an, indem detailliert belegt wird, dass die darin zu 99% stimmigen Aussagen nicht gefälscht sind. Der Briefschreiber gibt 1914 den genauen Hergang des 1. und zum Teil des 2. Weltkrieges wieder. Es wurden unter anderem exakte Zeitdaten angegeben. Doch dies alles nur zur Information. Ich gehe weiter. Ich fasse jetzt nicht die Aussagen, welche den dritten Weltkrieg beschreiben, zusammen, sondern ich lasse sie beiseite, denn sie entsprechen nicht der Wahrheit.

Leider stammen eine Großzahl der hellsichtigen Bilder, Visionen oder sogenannten Offenbarungen entweder von Schwindlern, Betrügern, Gaunern oder von den „Möchte-Gern-Magiern". Aber bei Gott nicht von wahren Könnern. Ich möchte dies hier mal versuchen klarzustellen. Der berühmte Hellseher Hanussen nennt das genaue Datum des vermutlichen Unterganges in seinem Roman „Der Untergang New Yorks". Das Datum wäre 2320. Wenn man diese Zahl etwas verdreht, dann kommt man auf die Zahl 2032, welche unter den Mitgliedern im „Bardonkreis des Bundes" als Zahl des 3. Weltkrieges angegeben wurde. Dies ließ in mir den Verdacht aufkommen, er sei ein wahrer Hellseher und wisse über die Zukunft Bescheid. Oder hat diese Zahl eine andere Bedeutung? Doch Pustekuchen! Ein Krieg kommt ja nicht! Auch Brandler-Pracht und andere Astrologen haben den Untergang, ja die Sintflut schon errechnet. Doch die Zahlen trafen alle nicht ins Schwarze. Die Astrologie darf erst recht nicht zurate gezogen werden, denn sie ist eine Wissenschaft der Deutungen und des richtigen Auslegens. Und wer kann das schon?

Man munkelt(e), dass die Vorbereitungen für ihn bereits von den einzelnen Logen getroffen werden. Doch wie ich oben schon schrieb, wird so etwas von einer viel höheren Stelle beschlossen, und zwar von den Blauen Mönchen. Angeblich sollen neue Atomwaffen entwickelt werden, deren Radioaktivität in kürzester Zeit verfliegt, damit der Planet Erde nicht total verseucht wird und es auch nicht bleibt. Aber alle Atomwaffen können auch radioaktiven Regen produzieren und der Wind vertreibt die Strahlung über das ganze Land. Ist das eine Lösung? Frankreich testet angeblich solche Massenvernichtungswaffen auf einer ihrer französischen Inselgruppe, dem Mururoa-Atoll. Aber stimmen all diese Aussagen? Denn selbst die Neutronenbomben stellen keine bessere Variante dar.

Wie kommen nun all die sogenannten *Seher* zu dieser Annahme, dass es zu einem dritten Weltkrieg kommt? Das rührt daher, dass alle die Aussagen, die amerikanische Freimaurer Albert Pike angeblich – und immer wieder angeblich – in einem Brief an den italienischen Nationalisten Mazzini geschrieben hat, für wahr ansehen. Darin enthalten waren detaillierte Ereignisse des sogenannten „Luziferischen Plans" für die drei Weltkriege. Die Behauptung, dass diese Briefe jemals geschrieben wurden, kam von Autor Wilhelm G. Carr, dessen einzige Quelle für dieses Dokument wiederum ein Buch von Kardinal Caro Rodriguez, einem leidenschaftlichen Hasser der Freimaurerei ist. Der wiederum behauptet, den Brief 1925 in der Britisch Library gesehen zu haben. Für diese Behauptung gibt es wiederum keinerlei Beweise. Die British Library bestätigte, dass es solch einen Brief nie in ihrer hervorragend dokumentierten Sammlung gegeben habe und der nachweisbar nicht 1925 ausgestellt wurde. Eine unwiderlegbare Tatsache.

Pike wird vieles nachgesagt. Zum Beispiel, dass er Mitbegründer des grausamen Ku-Klux-Klan war oder während des Bürgerkrieges Barbareien und Orgien der Grausamkeit auf dem Felde betrieb. Er soll noch dazu Satanist gewesen sein, der Luzifer als Erlöser verehrte. Doch stimmt dies alles? Nein, das ist alles nicht bewiesen, besser gesagt ein reiner Schwindel. Man hat ihm dies in die Schuhe geschoben. Leo Taxil, der ebenfalls ein Feind der Freimaurer war, tat dies ganz bewusst. Zu Taxils Behauptungen gehörte unter anderem, dass es einen inneren Kreis der Auserwählten gäbe, dem sog. „satanistischen Palladium-Orden". Dieser Orden nähme auch Frauen auf, mit denen dann u.a. ritueller Geschlechtsverkehr stattfindet und gemeinsam der Teufel verehrt würde. Eine von Taxil zitierte Zeugin, die angebliche Geliebte Albert Pikes und Hohepriesterin des Palladiums, Diana Vaughn, hatte Taxil diese Informationen angeblich zugespielt. Aber in einer späteren Presse-Konferenz gestand er zynisch seinen Schwindel. So viel dazu.

Dies gibt natürlich Anlass für weitere Spekulationen, die ich nun näher verfolgen möchte. Es soll Familien geben – so heißt es – die als Abkömmlinge der Hohepriester angesehen werden und auch jene Blut- und Opferrituale ausführen, die möglicherweise zum 3. Weltkrieg führen könnten. Die Opfer sollen genau dort ausgeführt werden, wo der mystische Solomon einst residiert haben soll.

So verkündete am 12. Januar 1952 der Oberrabbiner Emanuel Rabinowitsch vor einer Sonderversammlung des „Emergency Council of European Rabbis" zu Budapest: *Das Ziel, das wir während der 3000 Jahre mit so viel Ausdauer anstreben, ist endlich in unsere Reichweite gerückt. Und weil seine Erfüllung so nahe ist, haben wir unsere Anstrengungen und Vorsichtsmaßnahmen zu verzehnfachen. Ich kann Euch versichern, dass unsere Rasse ihren berechtigten Platz in der Welt einnehmen wird. Jeder Jude ein König, jeder Christ ein Sklave. Wir weckten antideutsche Gefühle in Amerika, welche im Zweiten Weltkrieg gipfelten. Unser Endziel ist die Entfachung des Dritten Weltkrieges. Dieser Krieg wird unseren Kampf gegen die Nichtjuden für alle Zeiten beenden. Dann wird unsere Rasse unangefochten die Erde beherrschen.* Und weiter: *„Wir werden die grauenvollen Tage des 2. Weltkrieges wiederholen müssen, als wir gezwungen waren, zuzulassen, dass die Hitlerbanditen einige unserer Leute opferten. Ich bin gewiss, Sie werden kaum Vorbereitungen für diese Pflicht benötigen, denn Opfer ist immer das Kennwort unseres Volkes gewesen. Der Tod von selbst vielen Tausenden Juden im Tausch für die Weltherrschaft ist wirklich ein geringer Preis."*

All diese Prophezeiungen hören sich sicher schauerlich an und verbreiten mehr Angst und Schrecken, als sie Wahrheiten beinhalten, denn nichts von dem ist bis jetzt eingetroffen. Zum Beweis dessen kann ich z. B. Michael Drosnins Buch „Der Bibelcode" verwenden, in dem er behauptet, dass darin Vorhersagen für einen Weltkrieg getroffen wurden. Sogar die quabbalistische „Apokalypse" des Johannes wurde in diese Richtung gedeutet. Mich wundert nur, wie man solch ein mystisch-symbolisches Werk so auslegen kann. Weiter wird sich die von Jahwe geplante Vernichtung „Groß-Babylons" zum dritten Weltkrieg ausweiten, bei dem die USA an der Seite Israels gegen Russland kämpfen, welches für die bedrückten Araber ficht. Das Ergebnis ist die globale Vernichtung. In Armageddon im Heiligen Land findet die letzte und blutigste Schlacht der Menschheit ihren Höhepunkt. Spätestens hier sollen auch Kernwaffen zum Einsatz kommen, um die Erde vor dem Hintergrund einer russischen Niederlage an den Rand des nuklearen Holocausts zu führen. Schließlich erscheint der jüdische Messias höchst persönlich. Die Himmelspforten öffnen sich, und aus einem himmlischen Gefährt heraus betritt der vermeintliche Retter die Erde, um die Menschheit am Ort seiner Landung –

natürlich Jerusalem – unter einer Weltregierung zu einen.

Nach diesen Theorien gehen die Amerikaner davon aus, dass der Dritte Weltkrieg ebenso wie der Erste und Zweite in Europa ausgefochten wird. Man kann sich dabei auf US-Verteidigungsminister Caspar Weinberger berufen, der sagte: *„Das Schlachtfeld des nächsten konventionellen Krieges wird Europa sein und nicht die Vereinigten Staaten."*

Zu den bereits genannten Gründen für einen weiteren Weltkrieg kommt noch dieser: *„Aus diesen heute (1949) bereits vorliegenden Anzeichen muss man den Schluss ziehen, dass die Menschheit durch die Wiederaufnahme des jahrhundertealten Kampfes für das Katholisieren der Welt und durch die Fortsetzung des Kampfes gegen den Sozialismus in der großen Gefahr schwebt, in eine dritte Weltkatastrophe gestürzt zu werden."*

Inzwischen hat auch der machtpolitische Teil des Islam den sogenannten Heiligen Krieg ausgerufen, wodurch natürlich die Gesamtsituation der Welt nicht besser geworden ist.

Die USA haben zweimal in diesem Jahrhundert ihre Wirtschaft durch Weltkriege saniert und gerettet. Mit welchen Mitteln wollen die USA diesmal ihr stetig wachsendes Staatsdefizit ausgleichen? Gibt es etwa andere Mittel als Kriege? Natürlich gibt es auch andere Mittel als Kriege, aber die sind schmerzhaft für das eigene Volk. Da ist es viel leichter, diese Schmerzen auf andere Völker zu übertragen. Der Militärhaushalt der USA für 1990 beträgt ca. 280 Milliarden Dollar oder 210 Milliarden Euro. Alleine der Militärhaushalt der USA ist also größer als der Gesamthaushalt Deutschlands. Wofür braucht ein Land, das von niemand bedroht wird, einen derart gigantischen Militärhaushalt, wenn nicht für imperialistische Zwecke?

Ein weiterer indirekter Beweis ist das Gerede von der Osterweiterung der NATO. Wofür braucht der Westen eine Erweiterung der NATO nach Osten, wenn der Kalte Krieg beendet ist? Wenn der Kalte Krieg beendet wäre, dann wäre die logische Folge die Abschaffung der NATO und nicht eine Erweiterung. Tatsächlich dient die Osterweiterung der NATO zur Durchsetzung der angloamerikanischen Weltherrschaftspläne. Das ist die politische Wirklichkeit, mit der in der nächsten Zukunft gerechnet werden müsste, oder?

Der dritte Weltkrieg ist nach der Aussage William Coopers auf Mitte 1996 geplant. Er hat diese Information angeblichen Geheimpapieren entnommen, die er während seiner Amtszeit für den Geheimdienst der NAVY fotografiert hatte. Aber wie kann das sein, denn es ist bis jetzt kein

Weltkrieg eingetreten. Laut all diesen obskuren Plänen soll eine der drei größten amerikanischen Städte (New York, San Francisco oder Los Angeles) durch eine Atombombe ausgelöscht werden. Man wird die Schuld den Extremisten aus dem Nah-Ost-Krisengebiet zuschieben, um eine Rechtfertigung für den Beginn des dritten Weltkrieges zu haben. In Helsings Buch machen sich viele solcher abwegiger Äußerungen breit, die jedoch alle auf keiner Grundlage basieren.

Doch wenn es wirklich zu einem Atomkrieg kommen sollte, dann würde mehr als der Großteil der Menschheit vernichtet werden, denn die Kraft dieser Bomben zerstört alles Leben auf unserem Planeten. Durch einen Atomkrieg wäre die gesamte Erde auf Jahrhunderte verseucht und das Leben wäre für die wenigen Überlebenden so hart und entsetzlich, dass sich keiner mehr geistig entwickeln würde und könnte. Jeder muss dann um sein eigenes Leben kämpfen. Alle Staaten würden betroffen sein, ohne Ausnahme. Frei nach den Worten des Dämons Mephistopheles in Goethes Faust:

> „Alles, was entsteht,
> Ist wert, dass es zugrunde geht.“

Auch der Großmeister Gregorius schreibt in seinen Schriften, dass ein Atomkrieg unausweichlich ist. Er war aber kein Hellseher! Kann man solch einem extrem einseitigen Unmenschen trauen, wie er von vielen Biografen geschildert wurde? Ich behaupte nein.

Es gibt unzählige Bücher mit den schauerlichsten Prophezeiungen. Sie alle wollen nur Geld und Ansehen, denn alle – und ich betone alle – schreiben das Gleiche. Selbst in den Sagen und Überlieferungen über das unterirdische Reich Agarthi wird unter anderem darüber berichtet, dass es auf der Erdoberfläche noch einen schlimmen (dritten) Weltkrieg geben wird, der jedoch durch Erdbeben, Naturkatastrophen und einem Polsprung sein Ende finden wird. Dadurch stirbt zwei Dritteln der Menschheit. Nach diesem letzten Krieg sollen sich dann die verschiedenen Rassen aus dem Erdinneren mit den Überlebenden auf der Erdoberfläche wieder vereinen und das tausendjährige Goldene Zeitalter einläuten. Aber dies ist nur eine Legende, keine Tatsache. Wir haben darüber schon im Buch „Shamballa“ ausführlich geschrieben. Das in den Schriften so viel besungene „Goldene Zeitalter“ kommt auch viel später und ganz anders, als man denkt, frei nach dem Sprichwort: „Der Mensch denkt und Gott lenkt.“

Manche Prophezeiungen treffen erstaunlicherweise genau ins Schwarze, aber nur aus dem Grund, weil so viel Verschiedenes gepredigt wurde. Es gibt noch dazu so viele selbst ernannte Hellseher, dass man alleine davon wieder verwirrt wird, z. B. die Hopi-Indianer, D. Brinkley, Irlmaier, der Bauer aus dem Waldviertel, E. Cacye, der blinde Jüngling aus Prag (1356), Mühlhiasl, Sibylle von Prag (gestorben 1658), unbekannte Seher aus Böhmen, Mönch aus Werl (1701.), Jakob Lorber, usw. Aber waren das alles wahre Könner? Hatten sie alle die richtigen tetragrammatonischen Voraussetzungen, um richtig *hell* zu sehen? Es haben so viele Propheten immer und immer wieder dasselbe gesagt, dass man gar nicht mehr daran glaubt, wenn einer mal was Wahres spricht. Eine Prophezeiung ist eine feststehende Aussage, unabänderlich, nichts anderes. Sonst würde man ja nicht von Prophetie sprechen. Richtige Hellseher sagen detaillierte und genau Aussagen, kein schwammiges Gewäsch.

Großteils der mir zugänglichen Berichte sind sehr oberflächlich, nicht tiefgreifend und somit Fälschungen. Sogar die angeblichen Marienerscheinungen haben ein Datum für den großen Krieg angegeben, welches absurd war: die 2. Hälfte des 20. Jahrhunderts. Das ist vorbei und wir leben immer noch. Jedoch wurde diese Prophezeiung von Papst Pius XII verändert. Selbst der Antichrist wird von mediumistisch-christlicher Seite aufs Schlachtfeld geworfen. Ich persönlich bin ihm aber noch nie begegnet.

Alle Prophezeiungen sind so verworren, verdreht und unklar, dass sie keiner jemals richtig verstehen wird. Wie kann man das auch, wenn es sich um bloße Einbildung handelt. Es gibt so wenig wahre und gute Hellseher; die kann man an einer Hand abzählen. Es wird in diesen Berichten immer wieder erwähnt, dass nur vereinzelte Städte betroffen sein. Das ist unrealistisch. Wenn es zum atomaren Krieg kommt, dann wird alles vernichtet, nicht durch die Kraft der Bomben, sondern durch deren Strahlung.

Fast alle Prophezeiungen sind im katholisch-biblischen Stile geschrieben, d. h., dass wenn man nicht gute Werke tut, dann straft einen der liebe Gott. Doch so etwas steht alles schon in der Heiligen Schrift und warum soll man das immer und immer wiederholen.

Jan van Helsing schreibt im „Buch 3" über den dritten Weltkrieg und behauptet zu 100%, dass selbiger auch kommen wird. Er behauptet sogar, dass er mit St. Germain in Kontakt sei. Als ich das gelesen habe, fragte ich mich, ob der Mann noch alle Tassen im Schrank hat? Dr. Lomer schreibt in seiner ariosophischen Zeitschrift „Asgard", dass die Deutschen nach astrologischen Aspekten das kriegerischste Volk der Welt sind. Peter Scholl-Latur, der bekannte Orientexperte, bestätigt dies in einer Fernsehsendung, wobei er noch bemerkt, dass es ihn wundert, wieso noch kein dritter Weltkrieg ausgebrochen ist. Die Zeit der Stille nach den ersten beiden war zu lang. Nur warum kommt keiner?

Auch Anions Sohn Patrick wurde ein unheimlicher Traum gezeigt. Patrick stand am Fenster und hörte lautes Flugzeuggeräusch. Er drehte sich zum Fenster und guckte hinaus. Der Himmel war übersät mit Flugzeugen. Jedoch keine Passagiermaschinen, sondern Bomber, Jäger, Aufklärungsflugzeuge und Hubschrauber. Auch am Boden wimmelte es von allerlei Kriegsfahrzeugen, wie Panzern, die alle in eine Richtung fuhren. Schreiend erwachte er, was meistens ein Anzeichen für einen Wahrtraum ist. – Selbst dieser Traum ist eine Täuschung gewesen, denn er war ein angsterfüllter Mensch, den die Angst *irre* führte. Des Weiteren nahm er opiathaltige Schmerzmittel! Somit ist seine Ursache geklärt.

Laut den Berichten, die mir zur Verfügung gestanden haben, kann ich von zwei Hellsehern berichten, die detaillierte Aussagen über die Zukunft machten. Es gibt noch einige mehr, aber deren Schauungen sind zu oberflächlich, viel zu symbolisch. Da könnte man hinein interpretieren, was man will, und das stimmt dann immer. Das wären einmal der „Bauer aus dem Waldviertel" und Alois Irlmaier. Beides waren anerkannte Hellseher, beide wurden mehrmals geprüft und bestanden jeden Test. Sie sagen fast das Gleiche über den dritten Weltkrieg, sodass man schon nachdenklich werden konnte. Doch inwieweit sie die Bilder richtig deuten und das Gesehene richtig schildern konnten, ist die Frage.

Wie ich in einem vorherigen Kapitel bereits sagte, wird Nostradamus immer wieder von Unwissenden falsch und komplett verdreht gedeutet. Es wird ein 3. WK kommen, heißt es an allen Ecken und Enden. Kriege kosten ein Vermögen und dazu fehlen uns schon jetzt die Gelder. Die Kriege in Irak und Afghanistan verschlingen Unsummen von Dollar. Wie soll das funktionieren, wenn bald für das Geld kein Gegenwert vorhanden ist? Aus diesem Grunde sieht sehr oft die wirkliche Erfüllung der Hellgesichte später ganz anders aus, als man erwartete, und erstaunt ruft der Deuter wie auch der Seher selbst: „So also war die Vision gemeint."

Viele, wenn nicht alle Hellgesichte müssen erst einmal nach ihrem Grund befragt werden. Auch der Träumer sieht ja mit Vorliebe, was er hofft oder fürchtet. Unendlich viele Träume sind reine Wunsch- oder Furchtträume, und ehe man ein Traumgesicht als Wahrtraum auffassen darf, hat man sich in jedem einzelnen Falle mit der Frage auseinanderzusetzen, ob hier nicht etwa eine der obengenannten Triebkräfte als Motor dahintersteckt. Je mehr ein Träumer imstande ist, sich von seinem eigenen, von Leidenschaften und Gefühlen bewegten, engpersönlichem Ich loszulösen, sich immer mehr und mehr auszugleichen, um so eher wird er zu Wahrträumen gelangen, die universell richtig sind.

Der einzige, sich nicht selbst als Hellseher bezeichnete Okkultist, der richtig und wahr gesehen hat, war Dr. Georg Lomer. Er nennt sein Buch auch „Die kommenden Weltkatastrophen" und nicht „Weltkriege". Seine Prophezeiungen gründen sich auf die „Prophetie der Natur", die mehr Sinn gibt, als irgendwelche im Rausch vernommenen Bilder. Auch Albert Einstein antwortete auf die Frage, mit welchen Waffen der Dritte Weltkrieg geführt werde, sehr klug und weise: *„Ich bin (mir) nicht sicher, mit welchen Waffen der dritte Weltkrieg ausgetragen wird, aber im vierten Weltkrieg werden sie mit Stöcken und Steinen kämpfen."* – Das kommt der Wahrheit schon am nächsten. Dazu später.

Aus geistiger Sicht, meint Anion hingegen, dass durch die Weltwirtschaftskrise die Spreu vom Weizen getrennt würde, d. h. das Zeitalter der **Magier** beginnt zu sprießen. Es wird sich dann entscheiden, wer den schmalen Grat betreten wird und die Schwelle in das Astralreich unbeschadet und rein überschreiten kann. Denn es wird nämlich keinen Krieg geben, aber etwas, was genauso schlimm ist.

Man sollte zum Hellsehen nie die Worte des großen Arion vergessen: *„Eine zweite Art des Hellsehens äußert sich darin, dass sie infolge einer unwillkürlichen Elementeverschiebung im Geiste von selbst auftritt und somit als pathologische Erscheinung zu betrachten ist. Ferner können Erschütterungen in Krankheitsfällen gleichfalls Hellsehfähigkeit hervorrufen. Gewöhnlich äußert sich dies bei Menschen, die durch einen Schlaganfall, einen Nervenzusammenbruch oder sonst durch einen physischen, psychischen oder geistigen Verfall aus dem normalen Gleichgewicht gekommen sind und als Begleiterscheinung entweder deutlich oder weniger deutlich, rein oder weniger rein eine Art des Hellsehens bei ihnen zutage tritt. Für den praktischen Magier ist allerdings diese Art des Hellsehens unerwünscht, da sie früher oder später zu einem vollkommenen Zusammenbruch führt, der nicht nur einen Verlust dieser Fähigkeit nach sich zieht, sondern auch die Gesundheit nachteilig beeinflusst, ja sogar zu einem vorzeitigen Ende führen könnte. Solche Hellseher sind sehr zu bemitleiden, selbst dann, wenn ihre hellseherischen*

Erfolge als phänomenal gelten würden. In diese Kategorie gehören auch diejenigen Personen, die durch etwaige mediale Veranlagung die Fähigkeit des Hellsehens, durch ein Wesen hervorgerufen, erhalten haben. Auch diese Art ist für den praktischen Magier nicht empfehlenswert, denn solche Personen enden gewöhnlich als Geisteskranke. Viele, von den in verschiedene psychiatrische Anstalten eingelieferten Personen, die sich ohne verlässliche Führung mit Problemen des Spiritismus befasst haben, verdanken demselben ihren trostlosen Zustand, ganz gleich, ob die Motive zu diesem Studium ernsthaft waren oder bloß pure Neugierde und andere Beweggründe als Ansporn dienten. Eine weitere Art von herauf-beschworenem Hellsehen, die ebenfalls in diese Gruppe hineingehört, ist das gewaltsame Hervorrufen dieser Fähigkeit mithilfe von Rauschmitteln, wie Opium, Haschisch, Mescalin (Peyotl), Soma u. dgl. Der Magier wird ihnen gleichfalls kein Interesse entgegenbringen, denn sie führen meistens zur Angewöhnung dieser gefährlichen Opiate und lähmen überdies die moralischen und geistigen Grundsätze, den Willen und schließlich die Nervenkräfte, was sich dann selbstverständlich auch auf die Gesundheit und Entwicklung nachteilig auswirkt. Millionen von solchen Fällen hat der Orient aufzuweisen, und auch im Okzident wie in den übrigen zivilisierten Staaten kommen sie zahlreich vor. "

11. Die dritte Katastrophe – die Weltwirtschaftskrise:

Die obigen Aussagen zum dritten WK stimmen in gewisser Weise, sie deuten zwar etwas an, an und für sich die Wahrheit, aber diese selbst wurde geändert. Auf eine Frage bekam ich nämlich von Ariane folgende Antwort: „Es liegt was in der Luft, sagt jeder. Auch ich spüre das. Aber kein Atomkrieg, denn im Endeffekt vernichtet er den Planeten Erde und das hätte doch keinen Sinn, oder? Eine andere Katastrophe wird kommen."
„Welche denn?"
„Was ist denn eigenartigerweise vor zwei Tagen passiert? Das große Atomkraftwerkunglück im März 2011 in Japan. Genau zu dieser Zeit. Ein Zufall oder eine Weisung? Diese Katastrophe verschlang Unsummen an Geld und wird noch weitere Milliarden verschlingen. Die Radioaktivität breitet sich aus auch in Richtung USA und macht dort die Politiker sehr nachdenklich. Ganze Gegenden werden für Jahrhunderte unbewohnbar.

Wie sollte es erst bei einem richtigen Atomkrieg werden? Bardon schrieb seine Werke, veranlasste dass sie in mehrere Sprachen übersetzt wurden, was alles der Entwicklung dient und dies soll dann durch einen Weltkrieg vernichtet werden? Sein ganzes Leben wäre dann umsonst gewesen. Hat er all das Leid für nichts und wieder nichts auf sich genommen, damit seine drei Meisterwerke durch einen allzerstörenden Krieg vernichtet werden? Nein, das gibt keinen Sinn."

„Da hast du recht."

„Aus diesem Grunde haben Bardon und andere Giganten das Schicksal geändert, in etwas, was für unsere Entwicklung dienlicher ist und dass wir dann dennoch den Weg zur Mitte weiter gehen können. Ansonsten wäre es so gekommen, wie alle diese Seher es sagen. Aber was sind das für Propheten, die mit ihrer Gabe dennoch das Falsche sehen?"

Zustimmend fragte ich: „Und was hat Arion gemacht?"

„Er wandelte den Weltkrieg in eine weltweite Finanzkrise um, die jedes, auch das kleinste Land betreffen wird und die komplette Wirtschaft lahmlegt."

Da frage ich mich, wie es denn zu solch einer Weltkrise kommen kann. Mein Onkel, der in einer internationalen Bank tätig ist, ließ meinem Vater einen Artikel von Herrn Prof. Dr. Hamer zukommen, den ich hier erörtern möchte. Ich habe mich darüber mit meinen Freunden und Familienmitgliedern unterhalten, und alle meinten gleichermaßen, dass wir jetzt schon in einer beginnenden Krise stecken. Jeder spürt das, jeder merkt, dass da was im Busch ist. Durch die Globalisierung ist die Krise weltweit geworden und nicht nur auf ein paar kleinere Staaten beschränkt. Aus diesem Grunde kann sie nicht mehr gestoppt werden.

Aber wie kann es dazu kommen? Ich will es knapp aber verständlich umreißen, ohne zu sehr ins Detail zu gehen. In meinen Autobiografien steht dazu mehr! Der Staat muss sein Geld durch Goldreserven gesichert haben, sodass ein Gleichgewicht zwischen Soll und Haben existiert. Das Gold ist aber nicht so stark vermehrbar, wie die Wirtschaft wächst, so dass also eine gewisse deflatorische Geldknappheit stärkeres Wirtschaftswachstum behindern könnte. Aus diesem Grund wurden die Geldscheine eingeführt. Ihr Wert beruhte darauf, dass man die Geldscheine jederzeit bei der Zentralbank vorlegen und in entsprechendes Gold oder Silber umtauschen kann.

1913 gründeten die Großfinanzgruppen und Freimaurer Rothschild und Rockefeller eine private Zentralbank – FED – mit dem Recht, eigenes Geld auszugeben, welches zum gesetzlichen Zahlungsmittel wurde und für welches anfangs noch die amerikanische Zentralregierung garantierte. In dieser privaten Bank wurden nach dem Ersten Weltkrieg die Goldreserven der Welt zusammengerafft (Reparationszahlungen der Verlierer und Rückzahlungen der Kriegshilfe für die Verbündeten), mit der Folge, dass viele andere Währungen ihren Goldstandard nicht mehr halten konnten und in der Deflation zusammenbrachen. Diese wurde die erste Weltwirtschaftskrise 1929. Der sogenannte *Schwarze Freitag*.

Mit der Zeit sammelten sich über 30.000 Tonnen Gold der Welt allein in den USA in dieser Bank an – mehr als alle anderen zusammen hatten. Dieses Gold diente als Deckung des Dollars. Da aber ein größerer Teil der Dollar in den Zentralbanken der Welt als Reservewährung gehalten wurde, konnten die USA mehr Dollar ausgeben, als sie an Goldbasis hatten. Die Länder der Welt brauchten (nämlich) Dollar, um die Rohstoffe zu kaufen, die nur auf Dollarbasis gehandelt wurden. Neben dem Gold wurde deshalb der Dollar immer stärker in den anderen Zentralbanken zur Hauptwährungsreserve. Die Dollarherrschaft über die Welt hatte begonnen.

Dieser Privatbank wurde dann die Freiheit gewährt, so viele Dollar zu drucken, wie sie für nötig hielt. Während sich in den letzten 30 Jahren die Gütermenge der Welt nur **vervierfachte,** hat sich die Geldmenge **vervierzigfacht.** Geldmengenvermehrung bedeutet nämlich immer Inflation. Und Inflation bedeutet Geldentwertung.

Nur die Deutsche Mark war in Konkurrenz zum Dollar und wurde immer stärker auch zur Währungsreserve der Wirtschaft und in den Zentralbanken der Welt. Kein Wunder, dass dieser Geld-Störer durch Abschaffung der Deutschen Mark und Einbindung in eine wieder mehr von der Politik gesteuerten, nicht mehr souveränen Europäischen Zentralbank ausgeschaltet werden musste. Der Freimaurer Helmut Kohl hat aus machtgierigen Gründen dafür gesorgt, dass dies im kleinen Kreise entschieden wurde, dass die deutsche Bevölkerung über den Verlust ihrer wertbeständigen Währung nicht abstimmen durfte („Wo kommen wir hin, wenn die Bevölkerung über so wichtige Dinge selbst entscheiden sollte?", meinte unser ehemaliger Bundeskanzler). Die Bevölkerung hätte nie freiwillig die solide D-Mark geopfert.

Inzwischen hat also keine Währung der Welt noch irgendeine reale Wertgrundlage; hat sich das Geld der Welt von jedem zugrunde liegenden Sachwert gelöst, wird sie als Papier hemmungslos neu gedruckt und durch ständige Vermehrung ständig entwertet. Dass die Leute immer noch glauben, das Geldpapier, welches sie in der Hand haben, habe einen festen Wert, liegt daran, dass durch geschickte Manipulation der Devisenkurse ein scheinbares Wertverhältnis vorgespiegelt wird.

Das ganze System ging so weit, dass selbst das Öl nur gegen wertlose Dollar verkauft werden kann. Saddam Hussein wollte dies nicht, sondern er wollte sein Öl gegen Euro verkaufen; er wurde sofort zum Terroristen erklärt und sein Regime vernichtet. Dies gilt für den gesamten Handel, der in wertlosen Dollar abgewickelt wird.

Der US-Staat lässt sich also in immer größerem Ausmaß von den restlichen Staaten der Welt Sachgüter gegen wertlose Scheinchen liefern – die moderne Form der Tribute. Sogar die Geldgier anderer Staaten zwang ihnen auf, das gleiche Spiel der Geldvermehrung zu spielen.

Die wichtigsten Währungen der Welt sind so hemmungslos vermehrt worden und stehen auf so tönernen Füßen, dass ihre Währungen (Dollar, Euro, Yen und andere) keine echte Wertaufbewahrungsfunktion für die Bürger mehr haben. Auch die Tauschfunktion der Währungen wird nur durch Manipulation und Täuschung über einen angeblichen – aber nicht vorhandenen – Kurswert künstlich aufrecht erhalten und ist längst nicht mehr echt. Das Privatgeld (Dollar) der US-Großfinanz ist auch längst schon von allen Bindungen an Sachwerte (Gold) oder einer Geldmengenbindung befreit, somit hat es nicht nur seine Wertaufbewahrungsfunktion verloren.

Die US-Notenbank (Federal Reserve) hingegen kauft mit dem immer wertloser werdenden Geld seit Jahrzehnten alle Sachwerte auf, die sie noch bekommen können: Rohstofflager, Industriekomplexe, Immobilien und jede einigermaßen intakte ausländische Kapitalgesellschaft in freundlicher oder feindlicher Übernahme zu fast jedem Preis, um ihre Machtposition nicht zu verlieren und beim Crash dann noch die Trümpfe in der Hand zu haben und dadurch noch reicher zu werden.

Deutet man den Fahrplan der Welt-Großfinanz richtig, so soll die Geldmenge so lange vermehrt und entwertet werden, bis damit alle wichtigen Sachwerte der Welt aufgekauft und monopolisiert worden sind. Die Großfinanz ist klug genug zu wissen, dass ihre Geldmengenvermehrung nicht unerkannt bleibt und irgendwann das Vertrauen in den inflationierten Dollar schwindet. Sie hat sich durch die Anhäufung von Sachwerten in gewisser Weise die Weltmonopolstellung errungen und kann die Preise diktieren, wie sie will. (Siehe Öl.)

Bricht dann der Dollar zusammen, dann brechen mit ihm die gesamten Satellitenwährungen zusammen, da der Dollar die Basis darstellt. Und dies versucht nun jeder Staat, so weit wie möglich zu verhindern. Die einzige Möglichkeit ist, durch Währungsreform zur Weltwährung zu kommen. Doch auch dies ist nur vorübergehend. Greenspan, ein US-amerikanischer Wirtschaftswissenschaftler, hat in einer Rede unvorsichtigerweise geäußert, dass *„eine grundsätzliche Dollar-Korrektur anstehe und dass man dann zweckmäßigerweise den Dollar und den Euro zum „Euro-Dollar", einer neuen Welt-Währung, vereinigen könnte"*, oder man wandelt sie in den „Amero" um. Irgendetwas wird also in nächster Zeit mit dem Dollar geschehen – so meinte jedenfalls Greenspan.

Würde dann der Dollar mit dem Euro zur Welteinheitswährung, wären damit für die US-Großfinanz wichtige Ziele erreicht: Eine neue Währung bietet die Möglichkeit, die alten Währungsschulden abzuwerten und damit die Gläubiger, die noch alte Währung haben, entsprechend zu entwerten. Wenn eben ein neuer Euro-Dollar 20 alte Dollar oder 15 Euro wert ist, sind die alten Währungen entsprechend abgewertet, sind die Gläubiger in alter Währung entwertet, hat sich das Spiel für die privaten Geldausgeber gelohnt. Das Hauptziel der US-Großfinanz ist aber, auf diese Weise eine Weltwährung zu erreichen, über die sie – die US-Notenbank – wiederum selbst herrschen.

Die laufende Geldentwertung der vergangenen 40 Jahre hat offenbar die Menschen nicht klug gemacht. Sie wird in den nächsten Jahren galoppieren bis zum bitteren Ende, wie das die momentane Wirtschaftslage offen darlegt. Dies alles führt zum totalen Zusammenbruch und das führt endlich zur Begünstigung des Fundamentes eines jeden Staates – den Bauern.

12. Wieso das alles?

Doch warum soll das alles so kommen, wie es kommen wird? Ganz einfach: Jeder Staat sollte für zufriedene Bürger sorgen und nicht die Geldgier und die Korruption fördern. Aber das macht er nicht. Und dann kommt es zum großen Knall und nichts ist mehr hier. Bei allem Vergänglichen ist das so, auch beim irdischen Glück und dem materiellen Reichtum. Wem bringt das was? Dies alles ist ein Lernprozess, der der Entwicklung dient. Nichts anderes. Alle Staaten, die großen wie die kleinen, wie ihre Bürger, sind die Geldgier in Person. Alle machen hohe Schulden, ohne daran zu denken, sie jemals wieder zurückzuzahlen. Jeder will im Reichtum schwelgen.

Längst schon ist ein Rätselraten im Gange, was nun kommen wird, wie unsere Zukunft aussehen wird. Alles tendiert zum Krieg, zum alles vernichtenden Krieg. Jeder fühlt etwas Großes, Gewaltiges kommen. Nur Krieg wird es keiner werden. Das kann ich schon mal vorwegnehmen. Viele falsche Prophezeiungen wurden schon ausgesprochen, wie die Aussage, dass im Jahre 2000, zum Millennium, alles zerstört würde; oder zu anderen Daten, an denen das große Los gezogen werden soll. Auch viele vertonten solches. Endzeitfilme überfluten die Kinos. Schriftsteller, Filme, Dichter und Meinungen sind Vorboten der Endzeit, die einen Rückfall in die Steinzeit bedingt. Ist das nicht eine Form der Prophetie? Das stimmt alles, nur der Hergang kommt anders, als erwartet.

Im sogenannten Frieden herrschten Orgien der Habsucht, der Bestechlichkeit, der Ausplünderung des Nächsten, welches wir gerade erleben. Eine wahnwitzige Überschätzung des toten Mammons und dessen, was man sich dafür kaufen kann. Füllt euch die Taschen, scheint das Hauptfeldgeschrei geworden zu sein. Hier wird der Untergang wie durch einen enormen Sittenverfall eingeleitet. Und so war es schon immer.

In rhythmischen Perioden verläuft alles Leben, das wir auf Erden kennen, vom Pulsschlag und Atmung des Menschen bis zum Kreislauf der Erde um die Sonne, vom Auf- und Abstieg der Völker bis zum Auf- und Niedergang der unermesslichen geologischen Epochen. Nur gewisse Gruppen wurden gerettet, um als Ausgangspunkt einer neuen Entwicklungsreihe zu dienen. Und immer geschah diese Auslese in Katastrophen mehr oder minder grausiger Art. Wer aber unbeirrt seinen hermetischen Weg weiter geht, nicht von der Mitte abweicht, der geht unbestreitbar in die Himmelssphären ein. Die Trommelwirbel erklingen schon. Wir werden geblendet durch Süchte und Drogen, durch Technik und Sex, der Schein zieht die menschlichen Motten an und sie verbrennen im Lichte der Wahrheit, dann, ja dann fangen sie an zu denken. Nur dann wird die Zeit knapp.

Das, was wir heute erleben, ist bildlich gesprochen, tatsächlich bereits so etwas wie ein Weltuntergang. Die alten Wirtschafts- und Gesellschafts- formen wollen abtreten und untergehen. Eine unvergleichlich gewaltige Wandlung der Dinge ist im Gange. Was wir in Krieg und Revolution, in Luft-, Erd-, Wasser- und Feuerkatastrophen erleben, sind wahrhaftig nichts anderes als die Geburtswehen einer neuen Entwicklungsreihe unseres Planeten und unserer Rasse.

Mit den neuen äußeren Lebensformen der Menschen wird eine radikale

Verjüngung des gesamten religiösen Lebens eintreten, ja es ist bereits in den Anfängen deutlich erkennbar. Eine Völkerverjüngung, ein Völkerfrühling ist vor unseren Augen im Werden; und Deutschland ist in diesem gewaltigen Umwandlungsprozess zweifellos eine führende Rolle zugedacht. Darum wurden die drei Werke von Franz Bardon als erstes in Deutschland veröffentlicht, dem Land der Dichter und Denker. Dem Land mit der am meisten und sinnvollsten runisch-okkulten, philosophischen und religiösen Literatur.

Deswegen weiß der Tieferblickende und er fühlt, dass hier unendlich viel Höheres auf dem Spiele steht: Eine neue geistige Weltanschauung, die der Seele wieder zu ihrem erstgeborenen Rechte verhilft, das eine irregegangene, von der eigenen Unfehlbarkeit geblendeten Wissenschaft ihr so lange vorenthalten hat. Eine Weltanschauung, welche die bankrotte materialistische Irrlehre endlich vom angemaßten Throne stürzen soll und wird.

So wollen wir denn das Kommende nicht fürchten, nicht schwarz in die Zukunft sehen. Sondern uns von allem Faulen, Überalterten, Morschen lösen, – und wie viel Faules in uns liegt, zeigt uns unser Seelenspiegel – und uns kraftvoll und zielbewusst in den Dienst der neuen Zeit stellen, deren erstes schüchternes Morgenrot schon ferne am Himmel über uns heraufleuchtet.

Dr. Lomer sagt dazu: *„Katastrophen rollten und rollen noch fortgesetzt über die Menschheit dahin, um diese Funken neuer und besserer Erkenntnisse aus dem tauben und dummen Gestein der Masse Mensch herauszuschlagen. Nur wenn falsche Ideen fallen, wird die Seele, der eigentliche Mensch, reif für Neues und bereit für die geistigen Bahnen.*

Und ihr glaubt dann noch an die Festigkeit der Throne und Paläste – ein Sturmwind stürzte sie in den Abgrund.

Ihr glaubt noch, eure eigennützigen Wirtschaftsformen, die einzelnen ungemesse Schätze in den Schoss warfen und die Masse der hart Arbeitenden bestenfalls ein knappes Auskommen ermöglichten, auf ewig stabilisieren zu können – sie krachen heute in allen Fugen. Es wird, wie die Bibel sagt, ein Heulen und Zähneklappern geben.

Ihr betet das Geld, den schnöden Mammon an, und im Golde den Sinn des Lebens: Währungssturz, Finanzkrisen, Wirtschaftszusammenbrüche und extreme Teuerungen machen alles zum Wahnwitz eurer irren Anschauungen. Und zerreißen eure falschen und aberwitzigen Idole in Fetzen. Ein Scheinwert nach dem anderen wird vor euren Augen aufgedeckt und in eurer Blöße gezeigt, wie eine alte verrunzelte Vettel. Euch wird beim Anblick schon übel und ihr werdet euren falschen Ehrgeiz unter Schmerzen erbrechen.

Ein falscher Boden nach dem anderen wird euch unter euren Füssen weggerissen und ihr schlagt mit euren geldgierigen Köpfen auf. Knochen brechen und splittern dabei und ihr werdet schreien, ja schreien vor Leid und Pein.

Jedes Leben, das nicht höhere und tiefere Sicherungen hat, wankt und verzweifelt. Und dies eben ist der Zustand, den der große Arion, der hinter dem Weltorganismus stehende, geistige Demiurg, wie Platon den Baumeister des Kosmos nennt, hervorrufen will und muss, denn nur, wer sich ganz verloren hat, kann sich wiederfinden in einem höheren Sinne. Nur bei dem, dessen Leidenschaften starben, kann mit neuen edleren wiedergeboren werden."

Nichts anderes ist der Sinn dieser dritten Katastrophe. Vom Börsencrash kommt es zur Zinskrise. Kann man die Zinsen nicht mehr zahlen, brechen die Banken zusammen. Das hat zur Folge, dass die Realwirtschaft, die Unternehmen, Arbeitsmarkt, der Konsum, Firmen und alles Weitere den Bach runter gehen wird. Dies hat weitere schlimme Auswirkungen: Die Arbeitslosenzahlen werden extrem steigen. Bei der 1. Weltwirtschaftskrise 1928 betrug sie 25%. Dieses Mal werden sie das Doppelte übersteigen.

Es wird dann, wenn das gesamte Geld der Erde an Wert verliert, eine große Anzahl von Selbstmorden wie 1929 in den USA geben, wo sich die reichen Bänker plötzlich verarmt von den Wolkenkratzern stürzten. Kein Geld, keine Wirtschaft, nichts mehr zum Kaufen oder zum Bezahlen. Es werden wieder Essensmarken verteilt, denn der Hunger wird groß sein. Reich und Arm muss sich anstellen, um Lebensmittel und Medikamente zu bekommen. Gold ist weniger Wert als ein Stück Brot. Die Steinzeit ist wieder hier und der Tauschhandel blüht. Selbst die großen und mächtigen Weltbanken gehen pleite, weil es nichts mehr gibt, womit sie Handeln könnten. Leider steigt auch die Kriminalität ins Unendliche, einer erschlägt den anderen, um selbst am Leben bleiben zu können. Ganze Banden von Kriminellen überziehen das Land. Doch auch die Bevölkerung lässt so etwas nicht in Ruhe. Es wird Aufstände geben, Revolten und sogenannte kleinere Bürgerkriege, Plünderungen und Diebstähle, so wie wir Deutschen es gar nicht kennen. Schlimme Zeiten stehen uns bevor …

Die Theorie, nach Kanada auszuwandern, in das gelobte Sozialland, wird nicht möglich sein, denn selbst dieses Land ist dann pleite und kann keine

Menschen mehr aufnehmen. Wie sollen sich außerdem Flugzeuge oder Schiffe vorwärtsbewegen, wenn es kein Öl mehr gibt bzw. wenn es unerschwinglich teuer ist und es keiner mehr herstellt? Alles Fragen, an die man jetzt noch gar nicht denken will.

Auch wenn man das jetzt weiß, kann man noch so viel horten und sparen, sich Reichtum oder Sachwerte aneignen. Das bringt nichts, denn dem es genommen werden soll, der hat nichts mehr. Das Schicksal ist gnadenlos unbarmherzig, aber absolut gerecht. Wie kann es anders sein, wenn Saturn der Planet der Richter ist und Blei als Grundmetall hat, genauso wie die Erde. Ein einziger Ausweg existiert: Anerkennung und Verinnerlichung der kosmischen Ausgleichsgesetze. Himmel und Erde, sagen wir, sind innig vermählt. Und alle irdischen Begebenheiten haben ihre himmlische Parallele, ihren kosmischen Ursprung.

Der neue Staat, der später existieren wird, wird dem ganzen Volk gerecht und nicht nur eines Standes, einer Partei, einer Berufsgruppe. Diese Krise sorgt auch für den nächsten Ruck in Richtung Idealstaat und dem gesunden Staatssozialismus. Peru war einst ein Idealstaat. Alle hatten genügend zum Leben. Anklänge davon gibt es noch in Schweden, die das Prinzip der Gleichheit vertreten. Den wahren Kommunismus. Doch dort bröckelt es auch schon. Aus dem Tode aber erblüht neues Leben. Auftaucht eine verjüngte Erde, auf der künftig andere Gesetze herrschen werden. Der Staat muss sich auf die kosmischen Gesetze ausrichten. Dasjenige, welches oben ist, ist dasjenige, welches unten ist. Akasha ist die Gleichheit. Man kann es auch Gleichgewicht nennen. Dies sollte das Ziel jeglicher Staatsführung sein. Anstelle von Titel, Würdenträgern und Ordensrängen sollte man das Wort Bruder oder Schwester wieder einführen. Ist das nicht viel familiärer? „Doch wozu brauchen wir diesen schweren Lernprozess?", werden viel sagen, die vorgeben, einen geistigen Weg zu gehen. Ein Gesetz wurde oben schon erwähnt. Trägheit ist das Zweite, denn alles muss weitergehen. Stillstand ist Rücktritt, sagte Ariane. Ein Drittes steht hier: Der schwerste Weg des Menschen ist der Weg zu sich selbst. Er findet ihn daher ziemlich spät, gleichsam widerwillig und nur zögerlich, als sei dieser selbstverständlichste Weg ein Opfer für ihn, eine Strafe, ja eine Zumutung, der man sich so lange wie möglich entziehen müsse. Alle ekeln sich davor. Viele, sogar Hermetiker, wenn nicht alle, leben ein bloßes Scheinleben, jagen Illusionen nach, wollen nur Geld, Drogen, Sex und Macht. Die größte Katastrophe ist unsere jetzige Ruhelosigkeit, welche schon groß ist. Aber noch ist sie nicht wirkungsvoll.

Aus diesem Grunde müssen schwere Zeiten kommen, um uns aus der Hypnose, aus dem magischen Bann zu befreien. Uns zu erwecken, um uns hilfreich unter die Arme zu greifen, damit wir auch mal die Mitte kennenlernen können. Noch freilich ist es Nacht und keiner sieht etwas. Und erst ein schwaches Dämmern steht am Himmel, uns die wiederkehrende Sonne zu verkünden. Und nun können sie begreifen: „Die Welt ist tief, und tiefer als der Tag gedacht."

„Die Welt hat weh", sagt der große Dichter-Philosoph Nietzsche, denn der strebende Mensch braucht was, womit er etwas ändern kann. Er braucht Hilfe, einen Anreiz, um eine Änderung vorzunehmen. Leid befähigt den Menschen, seine Risse, Lücken, Mängel besser zu erkennen. Mehr nach innen zu gehen. Er hat ja dann Zeit, sich um sich selber zu kümmern. Denn Arbeit gibt es fast keine mehr. Millionen von Arbeitslosen werden die Straßen bevölkern, nicht nur bei uns in Deutschland, nein, überall auf der Welt, weil wir ja global denken müssen. Nur wer Wunden hat, reagiert auf das Wetter, auf den kosmischen Faktor. Und das Klagen wird groß sein, der Schmerzensschrei überall hörbar. Denn das Leid bereitet die Wege zur Vollkommenheit. Hört sich das nicht pervers an? Aber es ist wahr!

Immer mehr Probleme lassen die Menschen aufhören, immer mehr Stress, Arbeitslosigkeit, Geldkürzungen und anderes regen zum Denken an. Bringen vom Materialismus weg. Aber wie lange soll es noch dauern. Gott hat nicht ewig Zeit.

Eine Stufe des großen Katzenjammers folgt der vorigen. Der Mensch erlebt ganz unerwartet Schweres, Bedrückendes, Bitteres, Unerträgliches, Krankheit, sein Geschäft bricht zusammen usw. Sein materielles Ideal erweist sich als Irrtum, der in unbeirrt nach unten zieht. Nackte Wirklichkeit grinst ihn höhnisch an, der Tod steht vor seiner Tür und sagt: „Siehe, das bin ich, dies ist mein wahres Gesicht." Anstatt der eingetrichterten materiellen Kraftsätze tritt langsam aber sicher ein neues, eigenes Umdenken auf. Aber genügt das?

Die Krise muss kommen, muss noch härter zuschlagen, dass man sein eigenes Blut spritzen sieht. Das Leben gleitet dadurch aus den Fugen. Viele kommen mit ihrer neuen drastischen Situation nicht mehr klar. Sie zerbrechen, zerschellen an den Klippen des Leides. Doch dann, wenn sie sich nicht geschlagen geben, wenn sie weiter ihren Weg beschreiten, dann brechen die Schuppen von den Augen, als fänden sie den Faden durch das undurchdringliche Labyrinth. Die Menschheit entdeckt den großen Plan der Gottheit, sie erkennt seine Wege, sie weiß, warum das alles so kam, den

Zusammenhang der Dinge, die wahren Gesetze. Nun erst ist der Mensch bereit, sich zu wandeln, den Gesetzen Folge zu leisten. Die Spreu trennt sich vom Weizen, für die, die die Wahrheit erkennen, die sich für das Astrale – für die wahre Heimat – entscheiden. Im Gegensatz dazu gibt es noch die, die die Hölle vorziehen, die Wiedergeburt. Die Wahren wollen ihre Menschlichkeit nicht verlieren, das höchste Gut des Einzelnen. Die hermetische Entwicklung kann beginnen.

Das Pendel der Weltenuhr hebt aus zu einem neuen Schlag und all die momentanen Sorgen und Ängste, sind nur ein schwacher, billiger Abklatsch des kommenden Eintauchens in den gewaltigen Symphoniestrom der kosmischen Ereignisse. Diese Umstellung ist eine Erneuerung von noch nie dagewesenen Ausmaßen. Es werden alle Bereiche des öffentlichen, oberflächlichen Schaulebens wie Filme, DVD, Kinos, Diskotheken, Theater, die gesamte Musikkultur, die Pornografie, Autos, Partys und Feste, Alkohol und Drogen und jegliche andere Vergnügungen unwiderruflich zusammenbrechen. Sie werden nie mehr auf die gleiche Weise zurückkommen. Man wird sich früher oder später auf neue Werte besinnen bzw. die alten hermetischen Traditionen wieder ans Tageslicht holen.

13. Meister Arions Plan:

Bei Dr. Musallam las ich in seiner „Zauberbibel" unter dem Abschnitt „Die zukünftigen Äonen" ein Gespräch zwischen dem Autor und Arya Manas, dem obersten Fürsten von Nuristan (Shamballa), und wunderte mich nicht schlecht darüber. Denn der Fürst berichtete ihm, wie das zukünftige Europa aussehen wird. Als ich mit dem Artikel fertig war, eilte ich zu Anion, um ihm das zu berichten.

„Ja, was Musallam dort schreibt, entspricht der Wahrheit."

„Aber woher weiß er das. So gut geschult war er nicht, dass er den Tempel Bit en Nur gesehen bzw. dass das Oberhaupt – Urgaya – mit ihm gesprochen hätte."

„Das ist richtig, aber du darfst nicht vergessen, dass er Franz Bardon kannte, der ihm die Informationen darüber gegeben hatte."

„Ach, dann stammt der Text vom Meister Arion?"

„Aber was glaubst du denn."

Nun zum Text, der eindeutig besagt, dass die Umwandlung kein plötzlicher

Prozess ist, sondern sich langsam vollzieht: *„Nicht etwa über Nacht vom 31.12.2000 auf den 1.1.2001 wird wie durch ein Zauber die ganze Welt verwandelt werden und die Menschen, die noch als klägliche, halb tierische Wesen, mit Leidenschaften, Lastern und Krankheiten behaftete und vom Jammer und Elend darnieder gedrückt am Abend vorher zu Bette gegangen, an jenem Morgen nun plötzlich als selige, engelhafte Wesen in einem Paradiese erwachen. Solches, mein Freund, wäre eine gänzlich unrichtige Vorstellung. Nein, die großartige Veränderung, diese letzte gewaltige Revolution, wird sich in ganz anderer Weise abspielen. Sie wird bereits Jahrzehnte vor jenem Zeitpunkt einsetzen und sich durch mehrere Jahrhunderte darüber hinaus erstrecken. Ja, sie hat eigentlich bereits begonnen. Der große Krieg hat auf der Erde Verhältnisse geschaffen, die unmöglich von Dauer sein können, die den Keim zu neuen, gewaltsamen Ereignissen in sich tragen. Die nächsten Jahrzehnte werden nun eine Häufung solcher Ereignisse mit sich bringen: Neue kleinere Kriege und Einzelrevolutionen, die trotzdem die Völker von Grund aus Aufrühren und gegen das Ende des 20. Jahrhunderts zur Bildung eines Riesenreiches in Europa führen werden."*

„Ein Riesenreich in Europa?", unterbrach ich (Musallam) ihn hier neugierig.

„Und welches Volk wird das Herrschende sein? Welche Staatsform? Republik oder Monarchie?"

„Das Letztere", erwiderte Arya Manas, meine erste Frage geflissentlich überhörend. *„Ein solches Reich kann nur eine Monarchie sein."*

„Und wer ist der Monarch? Welchem Volke, welcher Dynastie wird er entstammen?", beharrte ich.

„Sein Name wird sein – Weltfriede", lautete die geheimnisvolle Auskunft, *„und sein Reich wird sich vom Ural bis zu den Säulen des Herakles erstrecken. Das Volk, dem er angehört, ist eines, das heute von der Höhe seiner Weltmachtstellung gestürzt, in seinem inneren Siechtum darniederliegt und seine Dynastie eine fast ausgerottete, grausam zu Boden getretene. Mehr kann und darf ich dir aber, mein Freund, zur Stunde darüber nicht offenbaren. Wenn du aber erst gelernt haben wirst, in den Sternen zu lesen, dann wird sich dir auch dieses Geheimnis von selber enthüllen."*

Weiter unten schreibt Musallam, dass das neue Riesenreich nur ein Übergang bildet für alle Völker zum umfassenden Weltreich. Als ich dies wiederum vernahm, musste ich erneut bei Anion nachfragen, der mir

Folgendes berichtete: „Die Akashaschwingung dieser Erde wird stärker. Nun trennt sich die Spreu vom Weizen in einem dritten *Weltkrieg*. Aber noch ist Zeit. Es wird eine neue Welt geben, in der Natur nebst Kultur eine bessere Harmonie haben. Ein Wesen wird einen Zehnerschlüssel quabbalistisch aussprechen, um der Erde eine andere Qualität nebst etwas Quantität in neuer Form geben. Wenn all die Dinge geschehen, wird sich die Menschheit verfeinern, aber auch die Erde. Edlere Gedanken – edlere Dinge, das ist ein karmisches Gesetz. Aus der Hölle wird endlich das Fegefeuer.

Wenn das geschieht, dann werden die Elemente der stofflichen Ebene transparenter, vergeistigen sich etwas. Das bedeutet, dass die Nixen sichtbar werden, wie die Wesen der übrigen drei Elemente. Die Kirchen werden einst nur noch Museen sein, denn sie sind zu verbohrt, zu fundamentalistisch. Sie sterben aus. Nach dem Krieg wird über kurz oder lang die Hermetik die Weltreligion. Der Mensch wird reifen, feiner und die Hermetik hat Platz für übrige Religionen. Die Erde nebst allen Planeten werden mit der Zeit wie die Astralebene. Das Leben wird auf 6 bis 8 Jahrhunderte ansteigen. So wie am Anfang der Schöpfung. Dann hat man genug Zeit, sich magisch auszugleichen. Man stirbt auch nicht mehr, sondern verlässt seinen Körper. Bei der Reinkarnation verlieren wir nicht mehr das Bewusstsein. Aber zwei bis dreimal sterben wir noch, bevor der Zustand erreicht wird."

„Es wird aber noch bis zu 600 Jahre kleinere Kriege geben, aber der Schock und die schlimmen Erlebnisse von der dritten Katastrophe sitzen noch so tief, dass man mit der Zeit alle Schusswaffen, Bomben, Minen usw. ablegt und dann nur noch mit Schwert und Schild kämpfen wird. Das ist die fairste Methode, denn dann gewinnt der, der am besten kämpfen kann. Kein Querschläger, keine vergrabene Miene wird ihn mehr töten können. Alle Kirchen und derartigen Institutionen werden verschwinden und dann wird auch wieder ein **Gigant** erscheinen, um das neue Zeitalter einzuleiten. Er wird dann zum wahren hermetischen Weltherrscher werden, der die Schicksale der Völker gerecht leiten und lenken wird. Doch bevor es so weit ist, wird die Gentechnik u. Ä. durch ihre anfänglichen Experimente noch einige Monster und Krankheiten, wie es Hanussen schon vorhersagte, hervorrufen. In der Ostsee wurden schon genetisch veränderte Riesenkrabben entdeckt, die einen Durchmesser von einem halben bis einen Meter haben. Ursprünglich sind die so groß wie eine Handfläche.", erzählte mir Ariane.

„Aber was passiert mit uns, den Schülern der Hermetik?", fragte ich begreiflicherweise Ariane.

„Meister Arion sagte in einem Gespräch zu mir, dass er seine wahren Schüler nicht im Stich lassen wird. Er sorgte für sie und bereitete alles vor, damit sie glücklich und zufrieden die Katastrophe überleben und ihre Entwicklung weiterführen können. Vorausgesetzt natürlich, man geht den Weg mit dem nötigen Ernst und der richtigen Einstellung."

„Aber warum schreibt Anion im gleichnamigen Buch vom Krieg?"

„Krieg, wie es Anion schreibt, ist falsch gedeutet. Man kann Krieg auch mit Kampf oder Katastrophe übersetzen. Oder nicht – ? Und jeder Kampf, wie du weißt, führt zum Sieg."

Quellennachweis:

J.v. Helsing – Buch 3
J.v. Helsing – Geheimgesellschaften
Musallam – Zauberbibel
W.J. Bekh – Bayrische Hellseher
Gregorius – Der Weg ins dunkle Licht
Gregorius – Politik und Loge
Böckl – Prophezeiungen 7 Bände
Zeitschrift – Die andere Welt
Hanussen – Der Untergang New Yorks
Hemberger – Pansophie und Rosenkreuz
Carmin – Das Schwarze Reich
Sebbottendorf – Bevor Hitler kam
Bender – Kriegsprophezeiungen 1+2
Zeitschrift „Asgard"
M. Ach – Nekrodil
W. Berthold – Die 42 Attentate auf Adolf Hitler
Lomer – Prophetie der Natur
Lomer – Kommende Weltkatastrophen
Brandler-Pracht – Die Sintflut kommt wieder
C. Jaqu – Der Mönch und der Meister
Daim – Der Mann, der Hitler die Ideen gab
Serrano – Das goldene Band
Seeano – Der letzte Avatar
Schmitz – Auf Teufel komm raus
Hitler – Mein Kampf
Bardon – Die Praxis der magischen Evokation
Brugger – Die Chronik von Akakor
D. Eckart – Zwiegespräche zwischen A. Hitler und mir
A. Hilter – Mein Kampf
Gässlein – Führer von Gottes Gnaden
Des Griffin – Die Illuminaten
Des Griffen – Wer regiert die Welt
Rüggeberg – Geheimpolitik 1-3
W. Eggert – Israels Geheimvatikan 1-3
A.Gray – Die Insider

Hohenstätten – Alle Autobiografien
Zeitschrift – Zur Zeit
Zeitschrift – Phönix

Das goldene Blatt der Weisheit
Seila Orienta/Franz Bardon

Zum ersten Mal in der okkulten Literatur wird die 4. Tarotkarte des Hermes Trismegistos verständlich beschrieben und offengelegt. Sie beinhaltet unbekannte Konzentrations- und Meditationsübungen. Des Weiteren gibt sie Hinweise und erklärt die Unterschiede zwischen Magie und Mystik und Gefahren des einseitigen Weges. Am Ende steht die Verbindung mit der universellen Gottheit, dem Herrn der Sonnensphäre, welcher quabbalistisch „Metatron" genannt wird.

*

5. Tarotkarte – Mysterien des Steins der Weisen
Seila Orienta/Franz Bardon

Dieses Buch stellt die Vorderseite der Alchemie dar, die die einzelnen praktischen Übungsschritte erklärt, ohne die verschlüsselten Mystifikationen der alten Alchemisten auch nur annähernd zu erwähnen, wie man es aus den anderen Büchern des Franz Bardon kennt. Es wird erklärt, dass ohne vollkommene Beherrschung der 4 Elemente keine Alchemie möglich ist. Des Weiteren wird mit den einzelnen Ebenen, mit den Matrizen, dem elekromagnetischen Fluid usw. gearbeitet. Doch der Hauptpunkt stellen die göttlichen Eigenschaften wie z. B. die Allmacht dar, mit denen der Göttliche Stein der Weisen durch gewisse Übungen geladen wird.

*

Talismanologie und Mantramkunde
Seila Orienta/Franz Bardon

Zum ersten Mal werden hier (magisch) geladene Mantrams – Gebetssätze – preisgegeben, welche bei nötiger Reife, Ausgeglichenheit und Reinheit durchdringende Erfolge versprechen. Mantrams sind ja nach Bardon nicht irgendwelche Suggestionssätze, sondern sie sind Ideenausdrücke, mit denen man mit Mächten, Kräften, Eigenschaften, also Gottheiten, in Verbindung kommen kann. Gleichzeitig werden die dazugehörigen Siegelzeichen der göttlichen Ideen preisgegeben, welche im rituellen Zusammenhang mit den

Mantrams stehen. Ein Buch, dass nicht nur die Hermetiker, sondern auch die Anhänger der Yogawissenschaften inspirieren wird.

*

Eine Sammlung der schönsten und lehrreichsten Beschwörungsgeschichten
Hohenstätten

Dieses Buch ist einzigartig, denn es zeigt den zweiten Band von Franz Bardon an Hand von interessanten Evokationsberichten, die genau das bestätigen, was Bardon in seinem Buch geschrieben hat, und noch darüber hinaus. Es werden sensationelle Erlebnisse geschildert, die man sonst niemals findet. Auch aus unveröffentlichten Schriften wird zitiert.

*

Verkörperungen des Meister Arion
Hohenstätten

Man wird beim Lesen dieses Buches nicht glauben, wie viele bekannte und unbekannte Inkarnationen Franz Bardon hatte. Die paar, die im „Frabato" bekannt gegeben wurden, stellen nur einen geringen Teil seiner Verkörperungen dar. Wir mussten, da es dermaßen wenig Literatur über die Verkörperungen gab, wieder viele Hunderte von Büchern, Aufsätzen, Zeitschriften und Artikeln durcharbeiten, bis wir genügend Material für dieses Buch hatten. Aber der Leser wird sich beim Lesen sicherlich über unsere Arbeit freuen, denn sie wird ihn in Erstaunen versetzen.

*

Shamballa, der goldene Tempel des Lichts
Hohenstätten

Dieser Tempel dürfte jeden Leser von Bardons Roman „Frabato" fasziniert haben. Dass es aber in der okkulten Literatur noch viel mehr Informationen darüber gibt, die man aber nur findet, wenn man alles Veröffentlichte gelesen hat, dürfte dem einen oder anderen unbekannt sein. Es wurden wieder ganze Stöße von Büchern durchgesehen und das Ergebnis wird hier veröffentlicht. Es wird aber gleichzeitig darauf hingewiesen, wie viel Schundliteratur es darüber gibt, wie viel Lügen im Umlauf sind, damit sich der Schüler der Hermetik ein klares Bild machen kann. Wir bringen in diesem Buch alles, was wir an Material darüber gefunden haben und es wird auch noch einiges aus der eigenen Erfahrung, was das Wertvollste ist, mitgeteilt. Nicht nur über den Tempel wird berichtet, sondern auch über die damit verbundene „Bruderschaft des Lichts", dessen Sitz er darstellt.

*

Auf der Suche nach Meister Arion
Hohenstätten

Diese Autobiografie eines Schülers der Hermetik von Franz Bardon schildert sein magisches Leben, in welcher zahlreiche Erfahrungen zu den Übungen aus dem Adepten geschildert werden, die die Hauptperson selbst erlebt hat. Es wird der schwere Weg des Adepten aus autobiografischer Sicht gezeigt, seine vielen Tiefschläge, aber auch seine glanzvollen Seiten und Zeiten. Der harte Kampf mit dem Seelenspiegel wird bis in alle Einzelheiten aufgezeigt, genauso wie die vielen anderen Wege, in welche der Autor reinschnupperte, um dadurch reichlich Erfahrung sammeln zu können. Darüber hinaus enthält es unzählige Erfahrungen und Berichte betreffs Mantramistik nach Bardon, die wahre Runenmagie, zahlreiche Evokationen sowie Invokationen mit seinem Lehrer Anion, einen magischen Exorzismus, wie er bisher noch nie öffentlich geschildert wurde. Mentalreisen, Beeinflussungen, Übungen zur Gottverbundenheit, Erscheinungen, Alchemie, Heilungen mit den verschiedensten magischen Methoden z. B. Quabbalah oder durch die Elemente, Schutzgeistevokationen und viele andere magische „Wunder" seines Freundes und Lehrers Anion. Auch einige magische Fotos in Farbe, ein bisher von Bardon unveröffentlichtes Akashafoto von Christus und ein Bild des schwebenden Meister Arion werden in diesem Buch preisgegeben. Der Inhalt ist viel reichlicher, als hier kurz beschrieben werden kann.

*

Magisches Gleichgewicht
Hohenstätten

Dieses Buch zeigt eindeutig, dass in allen anderen Systemen das „Gleichgewicht" genauso gebraucht wird, wie bei Bardons Werken. Er war nicht der einzige Okkultist, der das erwähnte, aber er war der erste, welche es deutlich erklärte, denn die anderen Systeme sprachen nur durch das Symbol, welches nicht jedem Leser verständlich war. Obendrein bringen wir noch Unveröffentlichtes vom Meister Arion zu dieser Grundlage der magischen Entwicklung.

*

69

Das Leben und die Erfahrungen eines wahren Hermetikers
Seila Orienta

Diese Autobiografie eines Magiers ist unübertroffen, denn bis jetzt hat kein einziger, okkult Geschulter, so offen und ehrlich gesprochen wie Seila Orienta. Er gibt in diesem Werk sein Leben bekannt, sowie seine zahlreichen und äußerst interessanten Erlebnisse und Erfahrungen. Es werden auch zum ersten Mal Fotos von Wesen der Sphären gezeigt, welche Franz Bardon höchstpersönlich in den 20ern gemacht hat. Des Weiteren schreibt Seila Orienta über die Sphären, über Dämonen, Logenkontakte und vieles, vieles mehr, was einem ehrlich strebenden Hermetiker das Herz übergehen lassen wird.

*

Das Leben des Franz Bardon
Hohenstätten

Dieses Buch beschreibt das Leben des Meisters außerhalb des Frabatos, welches seine Sekretärin – Otti V. – geschrieben hat. Es beinhaltet Erklärungen zu seiner „Biografie", weitere Einzelheiten über den Kampf mit der FOGC, seine Beziehung zu Wilhelm Quintscher und anderen Okkultisten, was alles bisher unbekannt war. Des Weiteren werden viele Erlebnisse seiner Schüler in Prag erzählt, verschiedene magische Leistungen und interessante Geschichten Bardons beschrieben, die bis dato unveröffentlicht sind. Es werden auch seine drei Lehrwerke und deren Wirkung auf die Öffentlichkeit von einem anderen, unbekannten Standpunkt geschildert, welcher durch bisher schwer zugänglichen Schriften unterstützt wird. Als Krönung wird seine aus dem Tschechischen übersetzte Runenschrift zum ersten Mal veröffentlicht. Auch einige Seiten aus anderen unveröffentlichten Schriften von ihm sowie interessante Fotos des Meister Bardon und seiner Freunde werden hier preisgegeben und vieles, vieles mehr.

*

In Verbindung mit der Gottheit
Hohenstätten

Über das Thema der Gottesverbundenheit mit all seinen Formen und Methoden wurde bis heute noch nie ein Buch verfasst geschweige denn eine Schrift geschrieben. Man findet in der okkulten wie in der östlichen

Literatur nur spärliche Hinweise, die größtenteils verschlüsselt sind oder so geschrieben wurden, dass man sie kaum versteht. Im Gegensatz dazu wird in diesem Buch offen dargelegt, dass das 1. kleine Arkanum der 78 Tarotkarten die Gottesverbundenheit in ihrer Reinform darstellt.

*

Hermetische Heilmethoden
Hohenstätten

Dieses Buch stellt in der okkulten Literatur ein absolutes Unikum dar, denn über die Gesamtheit der okkulten Heilmethoden wurde bis jetzt noch NIE etwas Sinnvolles geschrieben. Es werden alle Heilmethoden erwähnt, die der hermetische Schüler mithilfe seiner bisher erlangten Konzentrationsfähigkeit ausüben und verwenden kann.

*

Erste hermetische Zeitschrift

„Der hermetische Bund teilt mit" ist eine der wenigen magisch-mystischen Zeitschriften, welche sich soweit als möglich auf die universelle Lehre von Franz Bardon bezieht. Sie versucht sich an die Gesetze des 4-poligen Magneten zu halten und vermittelt Wissen sowie Hinweise für die Praxis, damit der Leser die Möglichkeit hat, sie in seinen hermetischen Weg aufzunehmen und für sich gewinn- bringend zu verarbeiten.

Noch viel mehr hermetische Literatur finden Sie auf unserer Website: http://www.hermetischer-bund.com.

Viel Vergnügen beim Stöbern.

Der Verlag